MERIAN *live!*

Sylt

Christa Maria Andersen, gebürtige Berlinerin, war lange Zeit Lektorin in einem großen Verlagshaus. Zuerst liebte sie Sylt nur als Ferieninsel, seit 1988 lebt und arbeitet sie hier.

 Für Familien mit Kindern besonders geeignet

Diese Unterkünfte haben behindertengerechte Zimmer

 In diesen Unterkünften sind Hunde erlaubt

Preise für ein Doppelzimmer mit Frühstück:

€€€€ ab 225 €   €€ ab 100 €
€€€ ab 150 €   € bis 100 €

Preise für ein dreigängiges Menü ohne Getränke:

€€€€ ab 50 €   €€ ab 20 €
€€€ ab 35 €   € bis 20 €

Inhalt

◄ Der markante Leuchtturm Rotes Kliff (► S. 48) steht südlich von Kampen.

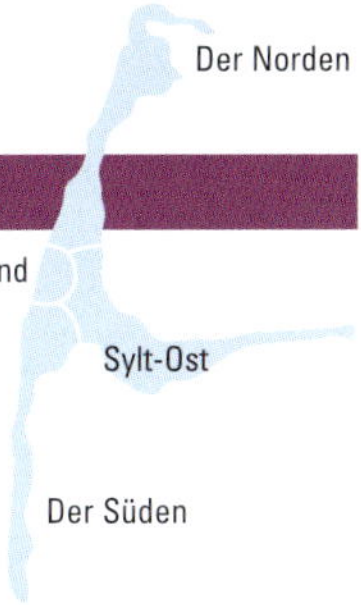

Der Norden
Westerland
Sylt-Ost
Der Süden

Unterwegs auf Sylt 34

Touren und Ausflüge 92

Wissenswertes über Sylt 102

Karten und Pläne

Die Koordinaten im Text verweisen auf die Karten, z. B. ► S. 118, B 3.

Willkommen auf Sylt
Der eigenartige Zauber der Insel beruht nicht zuletzt auf dem Kontrast von Designerläden, Gourmetrestaurants und Naturparadies.

Sylt hat schon immer für Schlagzeilen gesorgt, meist für übertriebene, wie »Königin der Nordsee«, »Insel der Schönen und Reichen«, »Ölpest im Ferienparadies« oder »Sturmfluten zerstören die Insel«. Und doch kommen jedes Jahr viele Menschen hierher, Junge, Alte, Prominente, Unbekannte, Nobelkarossenbesitzer und Fahrradfahrer. Sie kommen nicht nur in der Hochsaison, in den Sommerferien, sie kommen auch im Februar zum Biike-Brennen, zu Ostern, wenn die Rosensträucher schon erste Blätter zeigen, im Juni, wenn die Nächte so kurz und hell sind, dass man kaum schlafen mag, im Oktober, wenn die ganze Insel aufzuatmen scheint, weil die große Flut der Urlauber wieder einmal abgeflaut ist, im November, wenn man den Strand fast für sich hat und das tobende Meer in seiner ganzen Kraft erleben kann, und dann zu Weihnachten und Silvester, wenn die Insel feiert.

Sehnsucht nach dem Inselglück

Manche bezeichnen sich selbst als »inselsüchtig«. Sie besuchen ihr Eiland nicht nur einmal im Jahr, sie stehlen sich immer wieder ein paar Tage von zu Hause fort, um da zu sein, wo sie sich am wohlsten fühlen: in den Dünen, den Wiesen und der

◀ Mehrere Restaurants in Wenningstedt (▶ S. 60) bieten einen herrlichen Blick auf den 20 m breiten Weststrand.

Heide, im Wind, der den Kopf frei macht, und am Meer, das unendlich zu sein scheint. Sie sind von einer Sehnsucht erfüllt, die, einmal erwacht, nur erfüllt scheint, wenn sie den Hindenburgdamm westwärts vor sich sehen, und die schon wieder aufflammt, wenn sie das Meer im Rücken haben.

Vielfalt auf kleinstem Raum

Was aber ist es, das diesen schwärmerischen Blick verursacht, den Sylt-Liebhaber bekommen, wenn sie von »ihrer« Insel sprechen? Eine der schönsten Antworten auf diese Frage stammt von Peter Suhrkamp, dem großen Verleger: »Alle Sinne sind im Augenblick des Betretens der Insel von dieser vollauf in Anspruch genommen und ausgefüllt, und das Gemüt ist entweder verschüchtert oder betäubt oder beseligt. Die Insel kann wüst, öde und lichtlos angetroffen werden, auch in einer hellen Nüchternheit, einer frühen Klarheit, auch als seliger Spiegel überirdischer Schönheiten, aber sie ist nie nur einfach schön und gar lieblich, selbst nicht in der schönsten Zeit, wenn ein Tag oder ein Jahr am Himmel über ihr Nachfeier hält. Sie ist nie dieselbe und doch stets unverkennbar die Insel.«

Um dieses Sylt-Gefühl zu erleben, ist es ganz egal, an welcher Stelle der Insel man sich aufhält. Den Ort zum Bleiben wird jeder nach seiner persönlichen Vorliebe finden. Wer die Stille, das Bäuerliche, das eher Abgeschiedene sucht, geht sicher nach Archsum oder Morsum; wer dem schönen Dorf mit den gepflegten Blumengärten den Vorzug gibt, nach Keitum; wer das tosende Meer in seiner Nähe spüren will, nach Rantum oder Wenningstedt, und wer dazu noch tosendes Leben will, nach Kampen. Wer den Duft von Abenteuer atmen möchte, der will an den Häfen von List oder Hörnum stehen, und wer es großstädtischer mag, der ist in Westerland gut aufgehoben oder in Tinnum, wo es einsam und idyllisch sein kann und der Trubel doch ganz nah ist. Für den, der vom Zauber der Insel gepackt wird, ist sie ohnehin überall und zu jeder Jahreszeit schön.

Achtsamkeit tut not

Dafür, dass es so bleibt, muss allerdings jeder ein wenig beitragen. Noch ist das Salzwasser zwar sauber, Kegelrobben und Schweinswale fühlen sich sichtbar wohl, die Vogelwelt ist vielfältig, Austern und Fische gedeihen, und die jährlichen Sandvorspülungen gleichen den Verlust an Inselsubstanz aus – doch auf einem so kleinen Stückchen Erde gilt es eben nicht nur der Wucht des Windes und der Wellen zu trotzen, sondern auch das Augenmerk der vielen Gäste sanft auf die bedrohte Umwelt zu lenken. Sonst wird man von den Gefühlen, die Emil Nolde bei seinem Aufenthalt in Kampen notierte, bald nur noch träumen können: »Es war, als ob die freie Luft, der salzige Geschmack, die tosenden Wogen mich spornten und beglückten … Wie ein Trunkener lief ich stundenlang den Strand entlang oder durch den flüssigen Sand der Dünen, meine Gesänge schreiend, wo es einsam war, schreiend mit den Möwen.«

10

MERIAN-TopTen MERIAN zeigt Ihnen die Höhepunkte der Insel: Das sollten Sie sich bei Ihrem Besuch auf Sylt nicht entgehen lassen.

 Die Brandung
Magischer Anziehungspunkt: Wellen auf sich zurollen sehen, das Gefühl auf der Haut, wenn man sich in die Brandung stürzt ... (▸ S. 29).

 Kampen
Das berühmteste Inseldorf bietet natürliche Schönheit, feine Gasthäuser und noble Geschäfte (▸ S. 47).

 Die Kliffe
Die Abbruchkanten der Steilküste sind Studienobjekte und Aussichtspunkte (▸ S. 48, 60, 65, 68, 76, 97).

 Uwe-Düne
Stolze 52,5 m hoch ist der Sylter »Olymp« – die höchste Erhebung mit dem schönsten Rundblick (▸ S. 48).

 Das Listland
List ist Ausgangspunkt für die reizvollsten, gegensätzlichsten Naturerlebnisse (▸ S. 54).

 Sylter Sahara
Tatsächlich kommt man sich fast vor wie in der Sahara, wenn man sich den einzigen Wanderdünen Deutschlands nähert (▸ S. 56).

Braderuper Heide
Das Naturschutzgebiet mit ursprünglicher Naturlandschaft lädt zum Wandern und Radfahren ein (▸ S. 64).

St. Severin, Keitum
Die alte Seefahrerkirche ist als Wahrzeichen der Region weithin sichtbar (▸ S. 69).

Sylter Heimatmuseum und Altfriesisches Haus, Keitum
Hier erfährt man alles über die Geschichte der Insel und ihrer Menschen (▸ S. 70).

Das Watt
Das Wattenmeer ist ein einzigartiger Naturraum; seine zyklisch vom Wasser eingenommene und wieder freigegebene Schlick- und Sandfläche erstreckt sich über 10 bis 30 km Breite (▸ S. 97).

MERIAN-Tipps Mit MERIAN mehr erleben.
Nehmen Sie teil am Leben der Insel und entdecken Sie die unbekannten Seiten von Sylt.

 Söl'ring Hof, Rantum
Wer das Meer im Schlaf rauschen hören möchte, sollte in das weiße Hotel auf der Düne ziehen (▸ S. 13).

 Janke's und Die Osteria
In Tinnum bei Janke's können Sie Scholle »satt« essen und in Westerland in heiterer Atmosphäre Fantasievoll-Italienisches schlemmen (▸ S. 15).

 Tee von Sylt
Alles, was mit Tee zu tun hat, finden Sie bestimmt in einem dieser Geschäfte (▸ S. 21).

 Lister Strandsauna
Von der Sauna in die Brandung, danach schwäbische Weine und Maultaschen genießen (▸ S. 28).

 Restaurant Jörg Müller, Westerland
Sylts »kulinarischer Fixstern« bietet ein optimales Preis-Leistungs-Verhältnis mit hohem Wohlfühlfaktor (▸ S. 40).

 Sylt Aquarium, Westerland
Von den bunten Clownfischen bis zum Bewohner der Nordsee – in 25 Becken leben über 2000 Fische (▸ S. 44).

 7 Spaziergang am Ellenbogen
Die äußerste Spitze der Insel ist bei jedem Wetter schön. Man findet immer einen geschützten Platz in den Dünen (▸ S. 56).

 8 Hotel Budersand, Hörnum
Das traumhaft schöne Luxushotel im ruhigen Süden der Insel lädt zur perfekten Entspannung ein (▸ S. 86).

 9 Spaziergang an der Hörnum-Odde
Hier am Strand entlangzuwandern ist ein besonderes Erlebnis – nicht nur wegen der vielen Seevögel (▸ S. 88).

 10 Sansibar
Es gibt kaum etwas Genussvolleres, als das legendäre Sansibar zu besuchen und sich von der Küche verwöhnen zu lassen (▸ S. 91).

Im Söl'ring Hof in Rantum (▶ MERIAN-Tipp, S. 13) wird man rundum verwöhnt: Gastronomie, Ambiente und Wellnessbereich sind erstklassig.

Zu Gast **auf Sylt**

Erholung auf Sylt hat viele Facetten. Wer das Einfache sucht, findet Herbergen und Imbissbuden, andere Gäste möchten sich in Nobelhotels und Feinschmeckertempeln verwöhnen lassen.

Übernachten
Viele Urlauber ziehen Privat-pensionen den Hotels vor. Doch ein Wandel bahnt sich an: Von List bis Hörnum entstehen Refugien für jeden Geschmack und fast jeden Geldbeutel.

◄ Urlaub in einem 250 Jahre alten
Kapitänshaus: Der Seiler Hof (► S. 72)
bietet liebevoll eingerichtete Zimmer.

Pensionszimmer oder Apartment,
Hotelsuite oder Ferienhaus, alles ist
zu haben, und die Entscheidung für
das eine oder andere hängt nicht nur
vom Preis, sondern vor allem von
den persönlichen Bedürfnissen ab.
Gastgeberverzeichnisse, die es in
jeder Kurverwaltung oder bei der
Sylt Marketing GmbH (► S. 109)
gibt, sind in jedem Falle hilfreich.
Und selbstverständlich hat auch
jeder Ort seinen eigenen Internet-
auftritt. Dort findet man Verweise
zu Unterkünften und kann sich im
wahrsten Sinne ein Bild machen von
dem Ambiente, in dem man seinen
Urlaub verbringen will.

Wellness an der Nordsee

Wenn Sie ein Hotel oder eine Pensi-
on gewählt haben, können Sie sicher
davon ausgehen, dass Ihnen ein sehr
reichhaltiges Frühstück, fast schon
ein Brunch serviert wird; viele
Pensionen bieten auch am Abend
Kleinigkeiten wie Krabbenbrot oder
Matjes mit Kartoffelsalat an. Außerdem gibt es fast überall Liegewiesen
oder Sonnenkuhlen mit kuscheligen
Strandkörben für Tage, an denen es
am Strand mal zu stürmisch ist.
Wer sich während seines Sylt-Auf-
enthalts richtig vom Alltagsstress er-
holen möchte, profitiert zum einen
von der ausgesprochen reinen Luft,
vom Seeklima und der Sonne, zum
anderen von den luxuriösen Well-
nessprogrammen, die viele Hotels
mittlerweile anbieten. Man muss
nur entscheiden, ob man sich mit
edlen Pflegeprodukten behandeln
lässt oder im Fitnessraum strampelt.

MERIAN-Tipp ★ **1**

SÖL'RING HOF   ► S. 118, A 8
Wenn man das Meer so sehr liebt,
dass man es auch im Schlaf rauschen hören möchte, eine Küche
mit höchstem Anspruch schätzt
und sich rundum verwöhnen lassen will, dann sollte man versuchen, ein Zimmer oder eine Suite
in diesem weißen Hotel auf der
Düne zu bekommen. Der Wellnessbereich ist zwar nicht groß,
der Wohlfühlfaktor dafür aber rie-
sig. Auch die heimelige Atmosphäre in der Kaminbar trägt zu einem gelungenen Aufenthalt bei.
Nach einer langen Strandwande-
rung kann man den Tag dort angenehm ausklingen lassen.
Rantum, Am Sandwall 1 •
Tel. 83 62 00 • www.soelring-
hof.de • 15 Zimmer und Suiten •
🚭 • €€€€

Das Hotel Aarnhoog in Keitum bei-
spielsweise verfügt über einen Well-
nessbereich im Stil der vorletzten
Jahrhundertwende, im Landhaus
Stricker in Tinnum gibt es spezielle
Arrangements mit Massagen oder
Kosmetik, bei Jörg Müller in Wes-
terland lockt ein ganz besonderes
Beautyprogramm, und im Hotel
Fährhaus in Munkmarsch kann man
von der Karibik träumen.

Empfehlenswerte Hotels und andere Unterkünfte finden Sie bei den Orten im Kapitel
► **Unterwegs auf Sylt.**

Preise für ein Doppelzimmer mit Frühstück:
€€€€ ab 225 €   €€ ab 100 €
€€€ ab 150 €   € bis 100 €

Essen und Trinken
Eldorado für Fein-
schmecker: Vier Sterne-Köche und neun Küchenchefs
mit 1 bis 3 Kochmützen hat Sylt zu bieten. Dazu
kommen viele weitere hervorragende Restaurants.

◄ Meeresf(r)isch: Gosch-Imbisse in
List (► S. 58), Westerland (► S. 40) und
Wenningstedt (► S. 63).

Es gibt wohl kaum einen anderen
Ort in Deutschland, auf dem so viele
wirklich gute Restaurants auf so wenigen Quadratkilometern zu finden
sind. Und es sind ja nicht nur die
ganz berühmten wie Jörg Müller,
Söl'ring Hof, Strandhörn, Gogärtchen, KAI 3, Landhaus Stricker,
Fährhaus Munkmarsch, Tappe's
und Franz Ganser, bei denen man
hervorragend essen kann, auch so
gemütliche Gasthäuser wie Karsten
Wulff in Keitum, Jens 'ns Tafelfreu-
den in Kampen oder Fitschen am
Dorfteich in Wenningstedt haben
ihre Meriten und viele Stammgäste.

Austern in den Dünen

Besondere Anziehungspunkte sind
die Gaststätten, in denen kulinar-
ische Genüsse sich ideal mit dem
Blick auf das Meer und die Dünen
kombinieren lassen. Allen voran
Sansibar und Seepferdchen zwischen Rantum und Hörnum, Sturmhaube und Grande Plage in Kampen,
aber auch Oase zur Sonne bei Westerland, Wonnemeyer bei Wenningstedt und die Strandhalle am
Weststrand von List bieten dieses
doppelte Vergnügen.
Dem Küchentrend folgend gibt es
inzwischen überall landesübliche
Gerichte, also **Deichlamm**, **Wildente**, **Grünkohl**, **Meerestiere** in vielen Variationen und natürlich die
hoch gelobten **Sylter Austern**, ganz
frisch. Zum Nachtisch wird selbstverständlich **Rote Grütze** serviert,
die jeder anders kocht. Im besten
Sinne international isst man beispielsweise in Westerland bei Hardy

MERIAN-Tipp

JANKE'S UND DIE OSTERIA 🍴🍴

Auf Sylt billig und gut zu essen ist
nicht ganz leicht, obwohl es in vielen Restaurants preisgünstige Mit-
tagskarten und Kinderteller gibt.
Besonders erwähnt seien **Janke's**
in Tinnum, wo man an bestimmten
Tagen Köstlichkeiten wie Muscheln oder Scholle »satt« essen
kann, und **Die Osteria** in Westerland, wo sich mitten im Trubel alle
wohlfühlen. Für Kinder gibt es kleine Portionen.
– Janke's: Tinnum, Ziegeleiweg
(am Campingplatz) • Tel. 37 20 •
tgl. 17–22, im Sommer auch
12–14 Uhr, Di geschl. • €
► S. 118, B 6/7
– Die Osteria: Westerland,
Fischerweg 32 • Tel. 2 98 19 •
www.reiners-osteria-sylt.de •
tgl. 12–1 Uhr • €€
► Klappe vorne, südl. b 6

(elsässische Küche), im Il Ristorante
(italienisch) oder im Chengtu (chi-
nesische Küche).
Und dann gibt es die beliebten
Gosch- und Blum-Stehimbisse und
-Restaurants, in denen man nach
dem Strand noch schnell ein Fischbrötchen zum kühlen Wein isst, sich
mit Freunden trifft und in fröhlicher
Runde neue Leute kennenlernt.

Empfehlenswerte Restaurants finden Sie
bei den Orten im Kapitel ► Unterwegs auf
Sylt.

Preise für ein dreigängiges Menü:

€€€€ ab 50 €		€€ ab 20 €
€€€ ab 35 €		€ bis 20 €

grüner
reisen

Wer zu Hause umweltbewusst lebt, möchte dies vielleicht auch im Urlaub tun. Mit unseren Empfehlungen im Kapitel grüner reisen wollen wir Ihnen helfen, Ihre »grünen« Ideale an Ihrem Urlaubsort zu verwirklichen und Menschen zu unterstützen, denen ein verantwortungsvoller Umgang mit der Natur am Herzen liegt.

Naturschutz ist gleich Inselschutz

Dass Naturschutz gleichzeitig Inselschutz bedeutet, hat inzwischen wohl jeder Sylter begriffen, und die meisten sind bemüht, sich für den Erhalt ihres einmaligen Lebensraums einzusetzen. Fast alle landwirtschaftlichen Betriebe und kleinen Gärtnereien verwenden umwelt- und pflanzenverträgliche Dünger und erzeugen Nahrungsmittel, die sie auch direkt vom Hof oder auf dem Wochenmarkt verkaufen. Tiere werden auf den naturbelassenen Wiesen gehalten, ursprünglich aus Schottland stammende Galloway-Rinder sind auf der Insel inzwischen heimisch geworden. Auch in sehr vielen Restaurants kochen die Küchenchefs seit einigen Jahren zunehmend mit Produkten aus der Region, und auf den Speisekarten wird immer häufiger darauf hingewiesen. Um eine Biozertifizierung kümmern sich allerdings die wenigsten Gastronomiebetriebe. Die freiheitsliebenden Friesen lassen sich zwar nicht gern kontrollieren, auf ihren ausgeprägten Willen, die besten Tomaten oder Salate oder Gänse zu erzeugen, kann man sich aber fest verlassen. Über die Jahre haben sich inzwischen einige »Bio-Verfechter« locker zusammengefunden, von deren vielfältigen Angeboten man nur profitieren kann.

ÜBERNACHTEN
Dorfhotel Sylt ❦❦ ▸ S. 118, A 8

Das bisher einzige Hotel auf Sylt, das mit Bio-Auszeichnungen aufwarten kann, ist dieses »Dorfhotel« in Rantum. Der ganzen Anlage ist das Gütesiegel für Engagement für nachhaltige Entwicklung sowie das österreichische Umweltzeichen verliehen worden. Auch im Restaurant gibt es bestimmte biozertifizierte Speisen. Vor allem Familien mit Kindern werden sich hier sicher wohlfühlen; die Kleinen können im Kinderclub »Resi« an vielfältigen Aktivitäten teilnehmen und werden gut betreut.

Bei den Insulanern ist die Anlage allerdings nach wie vor umstritten – nicht weil Service oder Ausstattung nicht stimmen würden, sondern weil die Architektur nicht in die Landschaft passt und ein schönes Stückchen Insel »verschandelt«.

Rantum, Hafenstr. 1a • Tel. 4 60 90 • www.dorfhotel-sylt.com • 159 Apartments • €€€

ESSEN UND TRINKEN
KAI 3 ▸ S. 87, c 1

Das Restaurant des im Mai 2009 eröffneten Hotels Budersand (▸ MERIAN-Tipp, S. 86) bietet unter der Leitung von Burkhard Lindlar moderne Wellness-Gourmetküche mit mediterranem Einschlag. Basis der raffinierten Gerichte sind ausgezeichnete Grundprodukte: Die Küche verwendet, soweit möglich, regionale Produkte aus biologischem Anbau und Kräuter aus dem hauseigenen Kräutergarten. Die Karte ist klein, aber exzellent. Wahlweise stellt man sich ein 3- bis 6-Gänge-Menü (48 bis 145 €) zusammen.

Hörnum, Am Kai 3 • Tel. 4 60 70 • www.budersand.de • tgl. ab 12 Uhr • €€€€

Wonnemeyer ▸ S. 61, nördl. a 2

Das erste biozertifizierte Restaurant der Insel steht direkt am Strand von Wenningstedt. Britta Wonneberger und Rüdiger Meyer bereiten ihre Speisen ausschließlich mit Lebensmitteln aus kontrolliert biologischem Anbau aus der Region zu. Gegrillter Fisch, gemischte Sylter Muscheln und natürlich Sylter-Royal-Austern in vielen Variationen sind die Renner. Und ihrem ganz speziellen ABC – Austern, Bier & Currywurst – bleiben sie natürlich treu.

Wenningstedt, Am Strand Nr. 1 • Tel. 452 99 • www.wonnemeyer.de • tgl. ab 11 Uhr • €€

EINKAUFEN
Das Friesische Käselädchen
▸ Klappe vorne, a 3

In Dörte Dethlefs nettem kleinen Laden erhält man neben nordfriesischen Käse- und Wurstspezialitäten von Ziege, Schaf und Kuh auch Marmeladen, Honig und andere Köstlichkeiten von der Insel.

Keitum, Siidik 6 (Hof Klöwenhoog) • Tel. 96 74 41

Körnerladen ▸ S. 118, C 5

Im Körnerladen auf dem Gelände des Biolandhofs von Großfamilie Detlefsen gibt es ausschließlich Produkte aus ökologischem Landbau und biodynamischer Erzeugung. Dazu gehören neben Lebensmitteln, Obst und Gemüse auch Weine, Biere, Kosmetik, Schafsfelle und Schreibwaren. Besonders gut sind die Brote aus der eigenen Bäckerei. Auf der Terrasse im Café Köla werden Kaffee, Tee oder frisch gepresste Säfte und Kuchen oder pikante Kleinigkeiten wie belegte Brote oder Gemüse-Bratlinge serviert. Zum Hof gehört auch das Regenbogenhaus. Hier kann man zwei gemütliche Apartments (35 oder 50 qm) mit Terrasse und Strandkorb als Urlaubsquartier mieten. Ein großer Spielplatz ist direkt vor der Tür.

Ein paar Schritte entfernt liegt die Kreativscheune (Tel. 4 44 75, www.kreativ scheune-sylt.de), die man für Veranstaltungen mieten kann, in der aber auch regelmäßig Malkurse, Tanz-Workshops, Filmabende oder Jazz-Sessions stattfinden.
Braderup, M.-T.-Buchholz-Stich 8 • Tel. 4 44 75 • www.koernerladen.de • Mo–Fr 9–18.30, Sa 9–13 Uhr

Manufaktur ▸ S. 118, C 5

In ihrer Werkstatt, einer alten Scheune in Braderup, bieten Helga Behrens und Christian Ostermann eine einfallsreiche und sehr geschmackvolle Auswahl an Naturledertaschen, Kleidung und auch Geschenke und kleine Mitbringsel an. Das Leder wird hier ausschließlich mit natürlichen Gerbstoffen behandelt.
Braderup, M.-T.-Buchholz-Stich 1 • Tel. 4 31 35 • www.manufaktur-sylt.de • Mo–Fr 10–13 und 14–18 Uhr, Sa nach Vereinbarung

Sylter Tee Company
▸ Klappe vorne, a 3

Ältestes biozertifiziertes Teehaus mit eigener Manufaktur auf der Insel, in der die Teemischungen liebevoll per Hand zusammengestellt werden. Die Sylter Tee Company kauft ihre Tee-Partien ausschließlich aus rückstandskontrolliertem oder bioorganischem Anbau. Im Laden gibt es oft Sonderangebote und natürlich alles, was man zur Teezubereitung und zum Genuss des friesischen Nationalgetränks braucht.
Westerland, Strandstr. 10 • www.syltertee.de

SEHENSWERTES/AKTIVITÄTEN
Erlebniszentrum Naturgewalten
👫 ▸ S. 55, c 2

Das Erlebniszentrum Naturgewalten hat sich zum Ziel gesetzt, Begeisterung »für Vielfalt, Schönheit und Schutz der Insel Sylt und den Nationalpark Wattenmeer« zu wecken und die Bedeutung von Naturgewalten erlebbar zu machen. Auf 1500 qm wird alles, was man über die rauen Kräfte, die an der Nordsee wirken, wissen will, spielerisch erklärt. So kann man z. B. Wellen und Wind in einem Wellenkanal erzeugen, Ebbe und Flut simulieren und beobachten, was mit Sylt bei einem Anstieg des Meeresspiegels geschehen würde.

Wer sich ausruhen will, kann in dem wunderbaren Restaurant im Erdgeschoss mit fantastischem Meerblick vom Frühstück bis zum Abendessen neben regionalen Köstlichkeiten auch Gerichte mit mediterranem Einschlag oder einem Hauch Fernost genießen.
List, Hafenstr. 37 • Tel. 83 61 90 • www.naturgewalten-sylt.de • tgl. 10–18 Uhr • Eintritt 12 €, Kinder 6,50 € • Restaurant: Tel. 20 15 57 • www.restaurant-naturgewalten.de • tgl. ab 10 Uhr • €€

Naturzentrum Braderup 👫
▸ S. 118, C 5

Unter dem Motto »Wer gut informiert ist, kann auch richtig handeln« engagiert sich die Naturschutzgemeinschaft Sylt e. V. für die Probleme im Natur- und Umweltschutz. Sie betreut die Naturschutzgebiete Braderuper Heide, Morsum Kliff und das Landschaftsschutzgebiet Morsum. Aus Fundstücken, Schaubildern und anderen Materialien entstand ein kleines Museum, das Flora und Fauna Sylts sowie die Inselentstehung erklärt. Die

Stylish-elegantes Ambiente und biologisch basierte Küchenkunst – im Gourmet-restaurant KAI 3 (▶ S. 17) in Hörnum ist das kein Widerspruch.

Naturschutzgemeinschaft veranstaltet außerdem von Anfang April bis Ende Oktober regelmäßig fachkundige Wanderungen durch Watt-, Strand- und Heidelandschaft, Fahrradtouren durch die Braderuper Heide sowie Vorträge und Filmvorführungen für die ganze Familie. Der Terminplan ist auf der Webseite einsehbar.
Braderup, M.-T.-Buchholz-Stich 10 a • Tel. 4 44 21 • www.naturschutz-sylt. de • Museum: April–Okt. Mo–Sa 10–18 Uhr

Schutzstation Wattenmeer Hörnum 👣👣

Ziel der privaten, gemeinnützigen »Naturschutzgesellschaft Schutzstation Wattenmeer e. V.« ist es, »Verständnis und Faszination für das Ökosystem Wattenmeer« und die Nordsee zu wecken und somit Schutz und Schutzbe-

reitschaft für diese Lebensräume zu erhöhen«. Auf Sylt unterhält der Verein drei Stationen und veranstaltet unter fachkundiger Führung spannende Dünen- und Wattwanderungen, meeresbiologische Kutterfahrten mit Seetierfang, vogelkundliche Exkursionen, Fahrten zu den Seehundbänken und sogar Naturerlebniswanderungen bei Nacht. Auskunft über Termine und Treffpunkte erhält man auf der Webseite des Vereins.
www.schutzstation-wattenmeer.de
– Rantum, Hörnumer Str. 83 (im Jugenderholungsheim Puan-Klent) • Tel. 8 89 20 86   ▶ S. 120, B 10
– Rantum, Am Torbogen 7 (im ADS-Schullandheim) • Tel. 92 61 70
                                      ▶ S. 118, A 8
– Hörnum, Rantumerstr. 17 (im Kuno-Ehlfeldt-Haus) • Tel. 88 10 93
                                      ▶ S. 87, b 2

Einkaufen Das große Angebot an weltstädtischer Mode, Glanzstücken der Juwelierkunst, maritimen und anderen Antiquitäten und vielfältiger Urlaubslektüre verführt zum genüsslichen Shoppen.

◀ In Kampen (▶ S. 47) haben sich zahlreiche Edelboutiquen in schmucken Reetdachhäusern niedergelassen.

Als allgemeine Regel gilt: Auf Sylt finden Sie so gut wie alles, was Sie während Ihres Aufenthalts brauchen. Die Supermärkte in den größeren Orten, das Kaufhaus H. B. Jensen in Westerland und eine große Zahl von Fachgeschäften bieten eine Auswahl, die sich mit der Großstadt mühelos messen kann.

Das Angebot an frischem Gemüse und Obst direkt von der Insel ist zwar nicht besonders üppig, aber auf dem **Wochenmarkt** von Westerland (Mittwoch und Samstag) findet man doch vieles (zum Teil auch biologisch erzeugte Produkte; das gilt auch für Käse, Wurst und Honig), und Gärtnereien wie Gedigk in Westerland oder der Körnerladen in Braderup verkaufen Produkte aus eigenem oder kontrolliertem Bio-Anbau. Nicht gerade überbordend ist allerdings die Auswahl wirklich inseltypischer Produkte, die man gerne als Geschenk oder Erinnerung mit nach Hause nehmen möchte.

Mitbringsel Nr. 1: Fisch

Fisch steht fast synonym für rasche Verderblichkeit, aber die findigen Sylter haben natürlich Mittel und Wege gefunden, ihre Leckerbissen aus dem Meer auch als exportfähige Mitbringsel an den Gast zu bringen. Bei den auch über die Insel hinaus bekannten, sehr erfolgreichen Fischhändlern **Blum** (▶ S. 41, 63, 82) und **Gosch** (▶ S. 40, 58, 63) gibt es eine ganze Reihe von Delikatessen vakuumverpackt oder eingemacht in Gläsern, die auch eine lange Reise ohne Weiteres unbeschadet überstehen.

MERIAN-Tipp 3

TEE VON SYLT

Wer irgendetwas sucht, was mit Tee direkt oder auch nur entfernt zu tun hat, findet es bestimmt in einem der Sylter Teegeschäfte. Die Experten streiten sich, welcher Anbieter der beste ist. Alle führen auch Honig und Marmelade verschiedener Provenienzen und Mitbringsel von preiswert bis teuer.
– Sylter Teehaus Teekula • Westerland, Wilhelmstr. 4 • www.sylterteehaus.de
– Sylter Teekontor • Keitum, Siidik 15 • www.teekontorkeitum.com
– Teehaus Ernst Janssen • Westerland, Strandstr. 28
– Teespeicher • Tinnum, Zur Kratzmühle 4 • www.sylter-teehaus.de

Typisches Inselgetränk: friesischer Tee

Die Friesen haben den **Tee** zwar nicht erfunden, aber sie tun zumindest so. Tee wurde 1735 auf der Insel eingeführt und spielt seither eine ganz besonders wichtige Rolle. Man trinkt ihn – als schwarzen Tee –, um sich aufzuwärmen, mit Rum gewürzt oder aus vielen Kräutern gemischt als »Schietwettertee«, man trinkt ihn zum Klönen am Nachmittag, zum Wachwerden am Morgen und wieder, oft als Kräutertee, zum Einschlafen. Man trinkt ihn gern in den vielen gemütlichen Teestuben oder im Vorbeigehen am Stehtisch in den Teegeschäften.

Die typische Art, friesischen Tee zu trinken, ist die folgende: Man braue einen kräftigen Tee aus einer Friesenmischung, gebe in die Tasse eine

Menge Kandis, gieße den Tee darüber und lasse dann ein wenig Sahne hineinlaufen. Nicht umrühren! Nur so schmeckt er nämlich, wie die Friesen sind: erst ein bisschen bitter, nach und nach dann immer süßer … Auch in der Vermarktung beweisen die Friesen ein Geschick, das ihnen so leicht keiner nachmacht. Vor allem im Teehaus Ernst Janssen und in den Teekula-Läden überwältigt man Sie mit einer Riesenauswahl edler Teesorten und lokaler Spezialitäten, ergänzt durch Beigaben wie Rumkandis, nordfriesischen Honig, eingelegte Früchte, Teebonbons, Friesenkekse und -torte und ähnliches Labsal (▶ MERIAN-Tipp, S. 21).

Syltspezifische Waren sind auch **Antiquitäten**, vor allem altes Schiffszubehör, Glocken und Fliesen, Kunsthandwerkliches und Bilder mit Inselmotiven. Die Palette reicht von Raritäten bis zum gehobenen Trödel. Hübschen Schnickschnack, in erster Linie Hausrat, Porzellan und Wäsche, finden Sie in allen Inselorten, vor allem jedoch in Keitum, Rantum, Tinnum und Westerland und auf den vielen Flohmärkten während der Saison.

In den **Galerien** von Kampen, Keitum, Wenningstedt und Westerland finden Sie Aquarelle, Ölbilder und Zeichnungen mit den unterschiedlichsten Motiven von Sylt und anderen norddeutschen Landschaften, meistens von Künstlern, die sich auf Sylt niedergelassen haben. Vor allem im Osten Sylts hat sich eine verschworene Gemeinschaft von Goldschmieden, Töpfern, Webern und anderen Kunsthandwerkern festgesetzt. In ihren Ateliers, Läden und Werkstätten gibt es ein breit gefächertes, attraktives Angebot.

Weltstädtische Mode, edler Schmuck

So viel vorab: Auf Sylt werden Sie keine Klamotten entdecken, die es nicht auch in Düsseldorf, München oder Berlin gibt. Aber rund um den **Strönwai** in Kampen, im Ortskern und an dem Rohbau der Therme in Keitum oder – etwas weniger nobel – in der **Strand-**, **Friedrich-** und **Elisabethstraße** in Westerland ist die Dichte der Designerläden und eleganten Modegeschäfte verblüffend, und so mancher Inselbesucher findet hier, was er zu Hause seit Langem gesucht hat. Eine wichtige Rolle spielt natürlich die sportliche Mode. Einen ewigen Streit gibt es um die Öffnungszeiten an Sonn- und Feiertagen. Für die Ferienorte gibt es zwar eine Ausnahmeregelung, aber diese Sonderbestimmungen gelten nur in der Saison. Und wenn ein Laden am Neujahrstag oder am Karfreitag der Versuchung nachgibt, wegen des Kundenandrangs, der an Feiertagen immer besonders groß ist, die Tore zu öffnen, hagelt es Geldstrafen. Während der Saison schließt die Mehrzahl der Geschäfte vormittags gegen 11 Uhr auf und bleibt bis abends 19 oder 20 Uhr geöffnet.

Wer den Satz »Diamonds are a girl's best friend« bejahen kann, ist auf Sylt richtig. In Kampen sind fast alle bekannten Schmuckdesigner zu Hause, in Westerland gibt es hingegen die etwas preiswerteren Stücke, und in Keitum oder Morsum findet man ausgesprochen kreative Goldschmiede.

Empfehlenswerte Geschäfte und Märkte finden Sie bei den Orten im Kapitel ▶ **Unterwegs auf Sylt.**

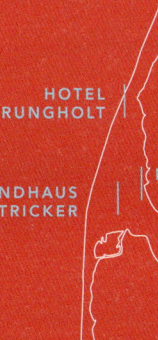

Sport und Strände
Aktivurlauber kön-
nen ihren Lieblingssport auch hier ausüben – nicht
nur auf Golfer und Surfer warten tolle Erlebnisse.
Sonnenanbeter bleiben im gemütlichen Strandkorb.

◀ Kühne Wellenreiter: Wer am Sylter World Surf Cup (▶ S. 31) teilnehmen möchte, trainiert bei jedem Wetter.

Ein großer Teil der Sylt-Besucher hat sportliche Interessen, die über Strand- und Nachtleben, Gastronomie und Shopping hinausgehen. Die geduldigen Angler, die passionierten Golfer, die unermüdlichen Radfahrer, die abenteuerlustigen Reiter, die unerschrockenen Segler und Surfer, aber auch Bodybuilder, Flieger, Jogger und Tennisspieler – sie alle finden auf der Insel mannigfache Einrichtungen, die ihnen jede erdenkliche Möglichkeit geben, ihrer Leidenschaft zu frönen.

ANGELN

Die Brandungsbereiche vor Sylt gelten unter Kennern als Anglerparadiese. Man braucht einen gültigen Bundesfischereischein und dazu einen Angelerlaubnisschein, den man bei folgenden Stellen bekommt: Kurverwaltungen in Tinnum, Keitum, Archsum und Morsum.

In gemeindeeigenen Gewässern in Morsum und Tinnum, im Katrevel, einem Binnensee, und im Siel, der einem Flusslauf ähnlich ist, können Angler Süßwasserfische fischen. Informationen bietet der Sonderprospekt **Angeln auf Sylt**. Tel. 8 20 20 • www.sylt.de

FAHRRAD FAHREN

Neben den eigenen Beinen ist das Fahrrad das sinnvollste Verkehrsmittel, um Sylt kennenzulernen. Dramatische Steigungen sind kaum zu bewältigen, allerdings haben auch begeisterte Radler mitunter heftig mit dem (Gegen-)Wind zu kämpfen. Fast jedes zehnte Auto, das in Westerland vom Autozug rollt, hat mindestens ein Fahrrad auf dem Dach. Und vor Ort gibt es eine genügende Auswahl an Fahrradverleihen (▶ Unterwegs auf Sylt, Service).

FITNESS

Fitnessinsel Sylt
▶ Klappe vorne, c 4/c 5
Westerland, Tinnumer Str. 9 • Tel. 83 49 50 • www.fitnessinsel-sylt.de

Rückenzentrum Wirbelwind
▶ S. 118, B 6
Tinnum, Keitumer Landstr. 46 • Tel. 8 36 22 66 • www.rz-wirbelwind.de

Sylt Fitness ▶ S. 118, B 7
Anfang 2010 eröffnete im Tinnumer Gewerbegebiet ein neues Sportstudio: »Sylt Fitness GmbH« mit Profi-Trainern von der Uni Flensburg und großem Wellnessbereich.
Tinnum, Am Hangar 8 • Tel. 96 78 80 • www.syltfitness.de

FLIEGEN

So mancher träumt davon, eine Lizenz als Privatpilot zu erwerben. Auf dem Westerländer Flugplatz werden Schulungen und 28 Tage dauernde Intensivkurse angeboten.

Flugschule Sylt ▶ S. 118, B 6
Westerland, am Flughafen • Tel. 78 77

GOLF

Auch Sylt hat sich auf die wachsende Golfergemeinde eingestellt:

Golfclub Budersand ▶ S. 87, c 2
Auf der Buhne Budersand am Hörnumer Hafen wurde ein 18-Loch-Linksplatz mit herrlichem Blick aufs Meer und die an- und ablegenden Schiffe eröffnet.

Hörnum, Fernsicht 1 • Tel. 4 49 27 10 •
www.budersand.de

Golfclub Sylt e. V.   ▸ S. 118, B 5

Wenningstedt (an der Straße nach
Kampen, beim Leuchtturm Rotes
Kliff) • Tel. 9 95 98 10 • www.golf-
club-sylt.de

Marine-Golf-Club   ▸ S. 118, C 6

Neugestaltete 18-Loch-Anlage.
Westerland, Fliegerhorst •
Tel. 92 71 53 • www.sylt-golf.de

LAUFEN

Jogger haben keine Schwierigkeiten,
auf Sylt geeignete Laufstrecken zu
finden. Gut ausgestattete Trimm-
Dich-Pfade gibt es im Wäldchen
zwischen Kampen und Wenningstedt (2,7 km Länge) und im Norden
Westerlands, am Beginn der Rote-
Kreuz-Straße. Die Sportvereine or-
ganisieren spezielle Lauftreffs. Nä-
here Informationen (auch über andere Lauftreffs) finden Interessierte
in der monatlich erscheinenden
Broschüre **Sylt Urlaubstipps**.

NORDIC WALKING

Der neue Nordic Walking Park ist
für Anfänger und Fortgeschrittene
gleichermaßen geeignet.
Infos über Lauftreffs, Routen und Trai-
ner: Kurverwaltungen • Tel. 44 70 •
www.wenningstedt.de oder
Tel. 33 70 • www.sylt-ost.de

REITEN

Attraktiv sind die Wege am Watt
und außerhalb der Saison Ausritte
an den Weststrand. Wer sein eigenes
Pferd nach Sylt mitbringt, findet in
den Reitställen eine Mietbox. Reit-
unterricht, Leihpferde und Ausritte
in folgenden Reitställen:

Bodil's Ponyfarm   ▸ S. 118, C 5

Reiten für Kinder und Jugendliche
von 7 bis 17 Jahren.
Wenningstedt-Braderup, Terp Wai
20–26 • Tel. 4 24 44

Feldenkrais und Reiten

▸ S. 118, C 5

In der Reithalle und in den Wiesen
neben der Braderuper Straße bei
Volquardsen gibt es dieses Thera-
pieangebot.
Wenningstedt-Braderup, Terp Wai 17 •
Tel. 4 43 69 • www.sylt-feldenkrais.de

Reiterhof Lobach   ▸ S. 76, c 2

Morsum, Täärpstig • Tel. 89 02 39

Reitschule Grünhof

▸ Klappe vorne, c 3

Keitum, Süderstr. 80 • Tel. 3 12 08 •
www.gruenhof-sylt.de

Reitschule Olivenhof   ▸ S. 118, B 7

Tinnum, Ingewai 40 • Tel. 3 29 06 •
www.olivenhof.de

Reitstall Hoffmann

▸ Klappe vorne, c 2

Keitum, Gurtstig 46 • Tel. 3 15 63 •
www.reitstall-hoffmann.de

Reitstall Wiesengrund

▸ S. 118, B 7

Tinnum, Boy-Peter-Eben-Weg •
Tel. 3 16 00 • www.reiten-sylt.de

SEGELN UND SURFEN

Für Revierunkundige ist das Segel-
und Surfrevier rund um Sylt nicht
ungefährlich. Deshalb empfiehlt
sich zur Eingewöhnung dringend
der Besuch einer einschlägigen
Schule. Dort lernt man nicht nur den
syltspezifischen Segel- und Surfstil,
sondern vor allem den Umgang mit

Strömung, Wind, Gezeiten, Untiefen, Sandbänken, Prielen und anderen Gefährdungen.

Catamaran Club   ▸ S. 118, C 6

Der Sylter Catamaran Club ist auch für die alljährlich stattfindenden Regatten »60 Meilen vor Sylt« und »Super Sail Sylt« zuständig. Zur Teilnahme treffen sich Segler aus aller Welt. Einsteigerkurse ab 14 Jahren.
Munkmarsch • Tel. 88 31 90 • www.scc-sylt.de

Cat-Basis   ▸ S. 55, c 2

Segelkurse auf Jollen für Kinder, auf Cats für Erwachsene, Vermietung von Cats, Sportbootführerschein.
List, An der Lister Reede, Hafenstr. 41 • Tel. 87 02 19

Kiteschule   ▸ S. 118, C 6

Am Lister Königshafen gibt es maßgeschneiderten Unterricht.

Munkmarsch • Tel. 01 72/4 01 66 16 • www.kiteschule-sylt.de

Kitesurfen und Wellenreiten
▸ Klappe vorne, nördl. a 1

Unmittelbar neben dem Strandtreff Buhne 16 (▸ S. 52) ist **das** Mekka für beide Sportarten. Kites und Boards kann man hier natürlich leihen.
Kampen, Buhne 16 • Tel. 49 96

Nordfriesischer Segelverein
▸ S. 118, A 8

Anfänger-, Brandungs- und Fortgeschrittenenkurse an der Westküste im Strandabschnitt Sansibar. Vermietung und Boardlagerung.
Rantum • Information: Tel. 88 12 80 (Westseite), Tel. 2 57 67 (Ostseite)

Segel- und Surfschule Munkmarsch   ▸ S. 118, C 6

Ein Eldorado für Segler und Surfer.
Munkmarsch • Tel. 3 19 11

Wer sein Handicap verbessern möchte, kann dies selbstverständlich auch auf Sylt tun (▸ S. 25) – herrliche Aussichten sind stets inklusive.

MERIAN-Tipp 4

LISTER STRANDSAUNA
▶ S. 116, C 2

Das kann schon süchtig machen: in der Sauna schwitzend die Dünen betrachten, dann, noch erhitzt, zum Strand laufen, die ersten kühlenden Wellen auf der Haut spüren, ganz in das bewegte Meer eintauchen ... Strandsaunen gibt es an den FKK-Strandabschnitten von Wenningstedt, Rantum, Hörnum und Kampen. Die schönste Anlage ist die Lister Strandsauna. Eingebettet in ein kuscheliges Dünental stehen Strandkörbe, es gibt ausgewählte Weine und (in der Saison) Pizza, Steaks oder Maultaschen.
Auf der alten Listlandstraße, der Parkplatz ist mit »Strandsauna« ausgeschildert • Tel. 87 71 74 • Ostern–Nov. 11–17, in der Hauptsaison bis 18 Uhr

Surfschule Camp One   ▶ S. 61, b 1
Am nördlichen Ende der Promenade direkt auf der Dünenkante können auch Anfänger mit einem angenehm locker-sportlichen Team Kiten, Wellenreiten oder Surfen lernen.
Wenningstedt , Dünenstr. 33 • Tel. 4 33 75 • www.surfschule-wenningstedt.de

Surfschule Westerland
▶ Klappe vorne, a 3

Im Norden der Kurpromenade (▶ S. 37), wo auch der World Surf Cup ausgetragen wird, gibt es Kurse für alle Leistungsklassen. Auch Funboard- und Sinkerkurse. Wasserski, Lagerung, Vermietung.

Westerland , Brandenburger Str. 15 • Tel. 2 71 72 • www.sunsetbeach.de

syltsportiv   ▶ S. 118, C 6
Golf, Segeln und Surfen mit Surf-Weltmeister Calle Schmidt.
Munkmarsch , Heefwai 4 • Tel. 93 50 77 • www.syltsportiv.de

Sylter Yachtclub   ▶ S. 87, c 2
Im Nordteil des Hörnumer Hafens sind auch Gastliegeplätze vorhanden (Clubhaus, Duschen, WC).
Hörnum, Am Kai • Tel. 88 02 47 • www.sylter-yachtclub.de

STRANDGYMNASTIK
An fast jedem Strandabschnitt der Insel gibt es im Sommer mindestens zweimal täglich Gymnastik im Sand unter Anleitung von Kursportlehrern. Die Zeiten sind an den jeweiligen Rettungsschwimmerhäuschen angeschlagen.

STRÄNDE
Auf Sylt schwört jeder erprobte Gast auf »seinen« Strandabschnitt: Der Lister **Weststrand** bietet eine bizarre Dünenlandschaft, einen relativ kurzen Weg vom Parkplatz zum Strand, eine Strandhalle mit gutem Essen. An der berühmten **Buhne 16** im Norden von Kampen ist der Weg von den beiden Parkplätzen relativ weit, dafür ist hier der Bär los, und der Strandtreff der Familie Behrens ist ein überaus munteres Kommunikationszentrum. Die Kette der Strandkörbe reicht bis zum Südende von Kampen. Die Strände vor **Wenningstedt** und **Westerland** haben die kürzesten Anmarschwege und die größte Bevölkerungsdichte. Einsamer wird es erst in den südlichen Strandabschnitten der Inselhaupt-

stadt, in **Abessinien** und **Dikjen Deel**, wo auch beliebte Kneipen auf Gäste warten. Im Süden bieten die Rantumer Strände **Samoa** und **Sansibar** reges Treiben, kurze Wege zum Parkplatz, aufregende Dünen und Strandgastronomie. In **Hörnum** ist die natürliche Schönheit der Dünenlandschaft überwältigend.

In der Hauptsaison sind **Strandkörbe** oft rares Objekt der Begierde, und man tut gut daran, im Voraus einen Korb zu reservieren. Vermieter sind die Kurverwaltungen, die auch Auskunft über Verfügbarkeit und Preise geben (etwa zwischen 5 und 7,50 € pro Tag, wenn man nur für einen Tag mietet, bei mehrtägiger Anmietung wird's günstiger).

WUSSTEN SIE, DASS...

... es auf Sylt das einzige Küsten-Paragliding Deutschlands gibt? Am Strandübergang Himmelsleiter in Westerland geht's los: Von einem Gleitschirm getragen, fliegt man wie ein Vogel über die Insel.

Der **Lister Oststrand**, nahe am Ort, ist besonders bei Familien mit Kindern beliebt. Hier können die Kleinen ungefährdet von den Brandungswellen plantschen und spielen. Das Erlebnis, die **Brandung** 🔖 auf der Haut zu spüren, ist gewiss eine unvergleichliche Erfahrung. Aber sie birgt auch bedrohliche Momente, die zur tödlichen Gefahr werden können. Deshalb sollten selbst trainierte Schwimmer das strikte Badeverbot an der **Hörnumer Odde** und am **Lister Ellenbogen** beachten, denn gegen die tückische Strömung ist jeder machtlos; außerdem sollte man überall am Strand gebührenden Abstand zu Buhnenresten wahren, bei heftigerem Wellengang unbedingt im Blickfeld der Rettungsschwimmer bleiben und auf die roten Warnbälle am Fahnenmast achten.

TENNIS

Tennisanlage Rantum ▸ S. 118, A 8

Auf dem Weg zum Hafen befindet sich die Tennisanlage der Familie Bourne mit einem Hallenplatz und einem Freiplatz (8 € pro Stunde). Während die Eltern ihren Aufschlag verbessern, können die Kinder gleich nebenan Minigolf spielen.
Rantum, Hafenstr. 12 • Tel. 2 25 84

Tenniscenter Kampen/Wenningstedt ▸ S. 61, nördl. c 1

Vier Freiplätze (Teppichbelag), Kurse und Einzeltraining.
Hinter der Norddörfer Halle zwischen Kampen und Wenningstedt,
An der Norddörfer Schule 333 c •
Tel. 8 36 43 77 • April–Okt.

Tennisclub Westerland e. V.
▸ Klappe vorne, c 5

Zehn Rotgrund-Freiplätze und drei Hallenplätze (profillose Hallenschuhe erforderlich). Unterrichtsmöglichkeiten bei qualifizierten Trainern, dazu Sonnenterrasse, Spielerbörse, Tennisshop, Clubräume, gepflegte Gastronomie.
Westerland, Am Seedeich 38 •
Tel. 67 29

VOLLEYBALL

An allen bewachten Badeständen wird begeistert Volleyball gespielt. In der Hochsaison wird sogar eine Meisterschaft ausgetragen.
Auskunft: TSV Westerland,
Tel. 2 15 50, und SC Norddörfer,
Tel. 4 27 11

Feste und Events
Weihnachtsbaden, Beachpartys, Ringreiter- und Polo-Turniere, Konzerte und Autorenlesungen – auf Sylt wird viel geboten. Einziges Traditionsfest: das Biike-Brennen.

◄ Vergnügen Ringreiten (▸ S. 31):
Aus vollem Galopp muss ein Ring mit
einer Lanze aufgenommen werden.

FEBRUAR
Biike-Brennen

An jedem 21. Februar werden auf
der ganzen Insel bei Einbruch der
Dunkelheit die Biiken, Scheiterhau-
fen aus Reisig, Strandgut und Weih-
nachtsbäumen – meist einer Stoffpuppe
als Symbol des Winters obendrauf,
entzündet. Nach dem Feuer beginnt
das eigentliche Fest beim Grünkohl-
essen in den Gastwirtschaften.
21. Februar

MAI
Ringreiten

Die Turniere finden ab Pfingstsonn-
tag siebenmal alle 14 Tage in den
Ostdörfern statt. Die Reiter in bunten Uniformen tragen eine 2 m lange
Lanze, die vorne nagelspitz ist. Damit müssen sie aus dem Galopp he-
raus einen kleinen, an schwanken-
der Leine baumelnden Ring treffen.
www.sylt-ost.de

JUNI
Meerkabarett, Rantum

Das Kabarettfestival findet bei der
Sylt-Quelle in Rantum statt. Es tre-
ten viele Stars der Kleinkunst- und
Kabarettszene auf. Vor Beginn und
in der Pause gibt es Speisen und Getränke.
Ende Juni–Ende August • Tel. 0 40/
47 11 06 44 • www.meerkabarett.de

JULI/AUGUST
InselCircus, Wenningstedt

Bei diesem Spektakel sind die Kinder
eingeladen, sich auch selbst als Ar-
tisten zu versuchen.
www.inselcircus.de

Beachpartys

Fröhliche Feste finden regelmäßig
am Strandtreff Buhne 16, an der
Kampener Grande Plage und am
Wenningstedter Wonnemeyer statt.

Kampener Literatursommer

Lesungen prominenter Autoren,
Schauspieler, Musiker und Literaten
– vor meist ausverkauftem Saal im
Kaamp-Hüs.
www.kampen.de

Dorffeste

Beginnend mit dem Morsumer
Dorffest feiern die Sylter in jedem
Ort bei Bier, Wein, gegrilltem Fisch
und Fleisch unter freiem Himmel.

AUGUST
Arien am Meer, Westerland

Für Freunde der Operette in der
Westerländer Musikmuschel.
www.westerland.de

German Polo Masters, Keitum

Diese exklusive Veranstaltung lockt
ein ebensolches Publikum an.
www.polosylt.de

SEPTEMBER
World Surf Cup

Die besten Surfer der Welt treffen
sich am Brandenburger Strand etwas nördlich von Westerland.
www.worldcupsylt.de

WUSSTEN SIE, DASS...

... etliche Sylter zu Weihnachten
und am 1. Januar – oft in ein witzi-
ges Kostüm verkleidet, gern aber
auch ganz ohne – ein Bad in der
eiskalten Nordsee nehmen?
Danach gibt's heißen Punsch.

Familientipps Mitmach-Zirkus, Erlebnis-
ausflüge, Spielgruppen und jede Menge Sportarten
mit exzellenter Anleitung – da kommt selbst bei
schlechtem Wetter keine Langeweile auf.

◀ Strand und Meer sind ideal zum Toben und Spielen. Im Watt ist die einzigartige Tierwelt zu bewundern.

Bodil's Ponyfarm ▶ S. 118, C 5

Hier findet jeden Tag ab 15 Uhr Ponyreiten statt, nicht bei Regen. Wenningstedt-Braderup • Tel. 4 24 44

Confetti KinderClub
▶ Klappe vorne, a 5

Kinder-Erlebnisbetreuung für alle Kids zwischen 3 und 13 Jahren. Es werden verschiedene Ausflüge und Programme angeboten. Westerland, im Neuen Schützenhaus am Schützenplatz • Tel. 85 04 44, Informationen bei Uwe Ferchow, Tel. 4 42 25 • www.babysittersylt.de • Informationen zum Riesentrampolin an der Westerländer Strandpromenade: www.JUMP-FUN-sylt.de • Öffnungszeiten tgl. 8–18 Uhr

InselCircus ▶ S. 61, nördl. c 1

Internationaler Kinderzirkus Ende Juni bis Ende August mit Mitmach-Möglichkeiten auf der Wiese am Kampener Weg in Wenningstedt. Hier können Kinder ab 3 Jahren ein paar Stunden, einen Nachmittag, eine Nacht oder gar – wenn sie schon zwischen 9 und 15 Jahre alt sind – eine ganze Woche verbringen. Mit Trainern studieren sie eine Zirkusnummer ein, die ihrem Können und ihren Neigungen entspricht, selbstverständlich mit Kostümen und Musik. Am Ende der Woche haben sie dann ihren großen Auftritt. Tel. 29 94 99 • www.inselcircus.de

Kampino Kinderclub
▶ Klappe vorne, b 2

Mit einem Club-Pass können Kinder von 3 bis 12 Jahren an einem vielfältigen Programm in Kaamp-Hüs teilnehmen. Kampen • Anmeldung unter Tel. 46 98 50 • www.kampen.de

Kinderwattwanderung ▶ S. 87, a 2

Unter fachkundiger Anleitung lernen Kinder die geheimnisvolle Tierwelt des Wattenmeeres kennen. Hörnum, Schutzstation Wattenmeer, Rantumer Str. 27 • Tel. 88 10 93 • www.schutzstation-wattenmeer.de

Ludothek ▶ Klappe vorne, b 3

Im SpielBergSylt können Kinder ab 3 Jahren spielen und Spiele leihen. Westerland, Stephanstr. 6b • Tel. 2 27 10 • Mo, Di 10–12 und 14.30–18, Do 10–12.30 und 14.30–19, Fr 10–12.30 und 14.30–17, Sa 10–12.30 Uhr, Mi, So geschl.

Sylt Aquarium
▶ MERIAN-Tipp, S. 44

Sylter Welle ▶ Klappe vorne, a 3

Das Spaßbad hat aufregende Wasserrutschen und ein Wikingerschiff. Westerland, Strandstr. 32 • Tel. 99 82 43 • tgl. 10–22 Uhr • Eintritt 11,50 €, Kinder 7,50 €

Wild- und Vogelparadies Tierpark Tinnum
▶ S. 82

Villa Kunterbunt ▶ Klappe vorne, a 2

Für Kinder von 3 bis 13 Jahren: Spielen, Basteln, Seidenmalen, Piratentage, Detektivtage. Mit Restaurant. Westerland, Strandpromenade • Tel. 99 82 75

🏃 Weitere Familientipps sind durch dieses Symbol gekennzeichnet.

Die ersten Strandkörbe im Sand
werden auf der Insel, hier bei Kampen
(▶ S. 47), schon im Frühjahr noch
vor Ostern aufgestellt.

Unterwegs **auf Sylt**

Jeder Ort hat seinen eigenen Charakter. Die Ostdörfer
am Watt sind eher friesisch-gemütlich; am langen
Weststrand zwischen Hörnum im Süden und List an
der Nordspitze dagegen weht der Wind oft rau.

Westerland

Die Inselmetropole bietet alles, was auch für Gäste nützlich ist: Bankfilialen und Schuster, Kaufhaus und Schokoladenmanufaktur ... Und als Krönung die berühmte Strandpromenade.

◀ Freier Blick auf Strand und Meer, dazu beschwingte Klänge aus der Westerländer Musikmuschel – Erholung pur.

Westerland ▶ S. 118, B 6

9300 Einwohner

Stadtplan ▶ Klappe vorne

Der Norden

Westerland

Sylt-Ost

Der Süden

Selbst jene Sylter und Gäste, die sich über den Rummel der Fußgängerzone mokieren, möchten die einzige Stadt der Insel gewiss nicht missen. Hier bekommt man alles, was man braucht (und in den kleineren Orten häufig nicht findet), hier sind gastronomische Spitzenleistungen ebenso zu finden wie gemütliche Kneipen.

Westerland ist einer der jüngeren Orte der Insel. Als eine Sturmflut 1436 das Kirchdorf Eidum zerstörte, zogen die Bewohner in den Westen der Gemarkung Tinnum und gründeten eine neue Siedlung, das heutige Alt-Westerland, das in respektvollem Abstand vom Meer lag. Nachdem das Dorf 1855 Seebad und bald darauf wichtigster Urlaubsort Sylts geworden war, dehnte sich Westerland mehr und mehr nach Westen, Richtung Strand, aus, Bade- und Kureinrichtungen wuchsen. 1913 kamen schon 31 000 Gäste; der mit Heilklima und Brandung gesegnete Ort wurde zum Modebad der wilhelminischen Adelsgesellschaft. Damals waren der Damenstrand und alle umliegenden Dünen noch streng abgesperrt. Turbulenter wurde es in den Zwanzigerjahren, als illustre Gäste wie Marlene Dietrich und Josephine Baker, Hans Albers und Max Schmeling hier logierten. Die Verfelsung der Stadt schritt dann im Wirtschaftsboom der Fünfzigerjahre im Eiltempo voran.

Die Wende kam 1971, als ein Bauunternehmer von den Stadtvätern grünes Licht für sein »Projekt Atlantis« bekam, eine fast 100 m hohe Touristenburg mit 3000 Betten auf 28 Stockwerken. Plötzlich ging fast ganz Sylt auf die Barrikaden, verteidigte sein Gesicht. Mit Protestaktionen der Inselbewohner brachte die Bürgerinitiative das Bauvorhaben zu Fall. Seitdem ist auch in Westerland die Erkenntnis gewachsen, dass es gilt, die Substanz zu erhalten.

SEHENSWERTES

Heimstätte für Heimatlose
▶ Klappe vorne, a 4

Hinter dem poetischen Namen verbirgt sich ein Friedhof, auf dem Unbekannte, die seit 1855 am Strand angespült wurden, begraben sind. Elisabethstraße, neben der katholischen Kirche

Kurpromenade
▶ Klappe vorne, a 1/a 4

Die kilometerlange, neu gestaltete Strandpromenade, Teil des 7 km langen Strandes mit Kurmittelhaus und dem Syltness-Center (Schwimmbad, Saunen etc.), ist einmalig auf der Insel. In der Musikmuschel finden in der Saison Konzerte mit namhaften Künstlern statt. Eingang am Ende der Friedrichstraße

St. Niels ▸ Klappe vorne, c 3

Die »Alte Dorfkirche«, so wird die nach dem Schutzheiligen der Seefahrer benannte Kirche gemeinhin bezeichnet, stammt aus dem Jahr 1635 und soll zum Teil aus Überresten der Eidumer Kirche erbaut worden sein. Der spätgotische Schnitzaltar erinnert deutlich an die Gegenstücke in den beiden anderen historischen Kirchen der Insel, St. Severin in Keitum und St. Martin in Morsum. Außerdem bemerkenswert sind das Triumphkreuz über dem Torbogen (15. Jh.), Kanzel und Orgel, auf der im Sommer konzertiert wird. Auf dem Friedhof findet man berühmte Namen der Sylter Geschichte, etwa den Grabstein von Käpt'n Hahn, der deutsche Auswanderer nach Australien transportierte. Kirchenweg

SPAZIERGANG

Ortsplan ▸ Klappe vorne

Das Zentrum Westerlands bildet die Fußgängerzone mit ihren beiden Hauptadern Strand- und Friedrichstraße. Beginnt man den Spaziergang am **Rathaus**, am Fuße der **Strandstraße**, wandert diese hinauf in Richtung Meer, so erhält man schon einen ersten Eindruck von der urbanen Metropole der Insel. Geht man ein Stück nach Süden über die **Strandpromenade**, landet man am Hotel Miramar in der **Friedrichstraße**. Diese bummelt man stadteinwärts bis zur »Wilhelmine«, der Springbrunnenfigur jenseits der Ampel. Für einen kurzen Umweg sei ein Gang über die **Elisabethstraße**, rechts ab von der Friedrichstraße, vorbei am **Friedhof der Heimatlosen** und über die **Käpt'n-Christiansen-Straße** wieder zurück, empfoh-

len. Wenn Sie das moderne Westerland kurz vergessen wollen, nehmen Sie den Kirchenweg, stoßen auf die Alte Dorfkirche und wandern über den Friedhof, dessen Grabsteine eine Chronik der Sylter Geschichte sind. Dauer: ca. 40 Min.

ÜBERNACHTEN

Dorint Resort & Spa
▸ Klappe vorne, a 5

In Strandnähe • Großzügige Anlage mit Schwimmbad, Sauna und Restaurant.
Schützenstr. 22–26 • Tel. 85 00 • www.dorint.com • 25 Zimmer, 52 Suiten • 🐾 • €€€€

Miramar ▸ Klappe vorne, a 4

Elegant • Strandhotel direkt an der Kurpromenade. Eindrucksvoller Bau von 1903. Schwimmbad, Sauna.
Friedrichstr. 43 • Tel. 85 50 • www.hotel-miramar.de • 94 Zimmer • ♿ • 🐾 • €€€€

Stadt Hamburg ▸ Klappe vorne, b 3

Mit Tradition • Distinguiertes hanseatisches Stadthaus. Neuer großer Wellness- und Beautybereich im asiatischen Stil. Restaurant, Bistro.
Strandstr. 2 • Tel. 85 80 • www.hotel stadthamburg.com • 50 Zimmer, 24 Suiten • 🐾 • €€€€

Hotel Jörg Müller
▸ Klappe vorne, b 5

Liebevoll eingerichtet • Luxuriöses kleines Haus mit direktem Zugang zum berühmten Restaurant (▸ MERIAN-Tipp, S. 40). Wellnessbereich, Physiotherapie, Kleopatrabad, Tagungsraum.
Süderstr. 8 • Tel. 2 77 88 • www.hotel-joerg-mueller.de • 22 Zimmer • 🐾 • €€€

Eines der ältesten – und besten – Hotels der Insel: Im hübsch anzusehenden Stadt Hamburg (▶ S. 38), erbaut 1869, mangelt es an keinerlei Komfort.

Hotel Roth am Strande
▶ Klappe vorne, a 3

Guter Service • Das moderne Hotel ist im neu errichteten Kurzentrum-Hochhaus integriert. Mit Restaurant, Sauna, Solarium.
Strandstr. 31 • Tel. 92 30 • www.hotel-roth.de • 55 Zimmer • ♿ • 🐕 • €€€€

ESSEN UND TRINKEN

Franz Ganser ▶ Klappe vorne, b 4
Im Herzen Westerlands • Der Patron verwöhnt seine Gäste mit Gourmet-freuden wie Räucherlachs mit Rösti, Steinbutt mit Estragonsabayon und köstlichen Desserts.
Bötticherstr. 2/Boysenstraße • Tel. 2 29 70 • www.ganser-sylt.de • Mi–So 12–14 und 18–24, Di ab 18 Uhr, Mitte Nov.–Mitte Dez. geschl. • €€€€

Stadt Hamburg ▶ Klappe vorne, b 3
Stilvoll • Das schöne Hotel hat ein vielfach ausgezeichnetes Restaurant für die große Küche und ein gemütliches Bistro für die »kleinen Speisen« und kleineren Geldbeutel.

MERIAN-Tipp **5**

RESTAURANT JÖRG MÜLLER
▶ Klappe vorne, b 4
Norddeutschlands »kulinarischer Fixstern« residiert in einem Friesenhaus. Neben den gastronomischen Spitzenleistungen im fein gestylten Restaurant serviert der Badener Jörg Müller in seiner guten Stube, dem Pesel, preiswertere regionale Gerichte. Hier findet der Gast vielleicht das beste Preis-Leistungs-Verhältnis der Insel. In der Bar kann man auf seinen Tisch warten, gleich dort essen oder einfach einen guten Tropfen trinken. Reservierung unabdingbar.
Westerland, Süderstr. 8 • Tel. 2 77 88 • www.hotel-joerg-mueller.de • Di 18–24, Mi–So 12–14 und 18–24 Uhr • €€€€

Strandstr. 2 • Tel. 85 80 • www.hotelstadthamburg.com • Restaurant tgl. 18–22, Bistro tgl. 12–23 Uhr • €€€€

Il Ristorante   ▶ Klappe vorne, b 4
Beliebt • Die zahlreichen Stammgäste sprechen eindeutig für die kreative italienische Küche des Il Ristorante.
Boysenstr. 3 • Tel. 49 51 • www.il-ristorante.de • tgl. 12–24 Uhr • €€€

Alte Friesenstube
▶ Klappe vorne, b 5
Urgemütlich • In Westerlands ältestem Haus (steht mindestens seit 1648) ist natürlich auch die Stube mit friesischen Antiquitäten möbliert. Und die Spezialitäten? Von Lachs »beizt nach eem olen Huusrezept« über »Pannfisch« und »Braden Aant« bis »Rode Grütt«.
Gaadt 4 • Tel. 12 28 • www.altefriesenstube.de • Di–So ab 18 Uhr • €€

Gosch   ▶ Klappe vorne, b 4
Anziehungspunkt Nr. 1 • Der Stehimbiss des Lister Fisch-Moguls ist eines der belebtesten Kommunikationszentren, an dem sich bei Austern, Rollmops und Chablis die Menschentrauben schier niemals auflösen wollen.
Friedrichstraße/Boysenstraße • Tel. 2 37 45 • tgl. 8–24, Nebensaison tgl. 8–19 Uhr • €€

Hardy auf Sylt   ▶ Klappe vorne, b 2
Elsässer Köstlichkeiten • In dem Rundbau mit wechselvoller Geschichte servieren die Elsässer Suzanne und André Speisser Spezialitäten aus ihrer Heimat in behaglicher Atmosphäre.
Norderstr. 65 • Tel. 2 27 75 • 21. Feb.–Mitte Nov. und zur Jahreswende tgl. ab 18 Uhr, Mo geschl. • €€

Kiek in   ▶ Klappe vorne, b 2
Mit Gartenterrasse • In dem schönen reetgedeckten Gasthaus gibt es leichte regionale Küche. Bei Einheimischen und Westerland-Gästen gleichermaßen beliebt.
Johann-Möller-Str. 2 a • Tel. 52 32 • tgl. außer Di ab 18 Uhr • €€

Mariso   ▶ Klappe vorne, b 3
Mediterranes Ambiente • Eines der In-Lokale in der trendigen Paulstraße, mit Terrasse. Die Küche – offen einsehbar – bietet italienische, spanische, aber auch asiatische Gerichte, ja sogar Sushi. Mittags gibt es eine täglich wechselnde kleine Karte. Die

Preise, auch für Wein, sind vergleichsweise annehmbar, und so herrscht hier immer gute Stimmung.
Paulstr. 10 • Tel. 29 97 11 • tgl. 12–24 Uhr • €€

MediTavolo Altes Zollhaus

▸ Klappe vorne, b 4

Gute Weinkarte • Laden, Galerie und vor allem Bodega mit mediterranem Flair und ebensolchen Speisen. Es werden auch gute offene italienische und spanische Weine angeboten.
Boysenstr. 18 • Tel. 44 94 43 • tgl. ab 16.30, in der Saison ab 14 Uhr • €€

Die Osteria

▸ MERIAN-Tipp, S. 15

Seekiste

▸ Klappe vorne, b 4

Überaus beliebt • Treffpunkt der Einheimischen und ihrer Gäste. Labskaus, Muscheln und Steak sind die Stammgerichte, Pils, Korn und

Champagner die bevorzugten Getränke des gut gelaunten Publikums.
Käpt'n-Christiansen-Str. 9 • Tel. 2 25 75 • tgl. 17–1, im Sommer ab 12 Uhr • €€

Blum's Seafood Paradise

▸ Klappe vorne, a 4

Fischspezialitäten • Um die Ecke von der Friedrichstraße gibt es – etwas weniger umtriebig als bei Gosch – Köstliches aus dem Meer den ganzen Tag über.
Neue Str. 4 • Tel. 2 94 20 • www.blum-aufsylt.de • tgl. 9–22 Uhr • €

Café Orth

▸ Klappe vorne, a 4

Langjährige Erfahrung • Hier herrscht die Tradition. Auf der Terrasse haben schon Generationen Frühstück, Friesentorte und Friesentee genossen.
Friedrichstr. 30 • Tel. 17 78 • tgl. ab 9 Uhr • €

Kult-Treff: Lecker und preiswert essen kann man bei den zahlreichen Gosch-Imbissen, die von morgens bis abends gut besucht sind – hier in Westerland (▸ S. 40).

Café Wien ▸ Klappe vorne, a 3

Anheimelnd • Baumkuchen, Friesentorte und die Confiserie sind die Spezialitäten dieses kleinen Cafés.
Strandstr. 13 • Tel. 53 35 •
tgl. 9–19 Uhr • €

Tolle Einblicke in die Unterwasserwelt:
Sylt Aquarium (▸ MERIAN-Tipp, S. 44).

Jever Stuben ▸ Klappe vorne, a 4

Gemütlich • Traditionshaus mit neuen, erfahrenen und engagierten Wirtsleuten, die es gerne auch einmal zünftig lieben.
Friedrichstr. 29 • Tel. 62 16 •
tgl. 11–2, im Winter 12–22 Uhr • €

Phuket ▸ Klappe vorne, b 6

Thailändisch • Auch im hohen Norden gibt es authentische Thai-Küche. Frische Zutaten werden zweimal in der Woche auf die Insel geliefert.
Fischerweg 15 • Tel. 2 77 77 •
tgl. 12–15 und ab 18 Uhr • €

Seeblick ▸ Klappe vorne, a 5

Hoch auf der Düne • Kräftige Imbisse, leckerer Kuchen und abends Anspruchsvolleres.
Südliche Strandpromenade • Tel. 2 88 78 • tgl. 11.30–23 Uhr, Nebensaison Mo geschl. • €

EINKAUFEN

Badebuchhandlung Rolf Klaumann ▸ Klappe vorne, b 4

Traditionsreiche Buchhandlung mit beachtlichem Sortiment, von der kompletten Sylt-Literatur bis zur gehobenen Belletristik.
Friedrichstr. 7

Bastel Bockelmann

▸ Klappe vorne, b 3

Neben einem Bastelprogramm werden auch Kurse für Kinder und Erwachsene angeboten.
Kirchenweg 7, gegenüber dem Bahnhof

Buchhandlung Uwe Becher

▸ Klappe vorne, b 4

Kleine, aber gut sortierte Buchhandlung bei der »Wilhelmine«.
Wilhelmstr. 3

Bücherwurm ▸ Klappe vorne, a 3

Anke Müllers quirlige Buchhandlung. Auch Presse, Kinderbücher.
Strandstraße/Ecke Neue Straße

Gärtnerei Gedigk

▸ Klappe vorne, nördl. c 1

Erntefrisches Gemüse, Pflanzen und die schönsten Sträuße.
Haderslebener Str. 63

Galerie Mensing

▸ Klappe vorne, a 4

Neben Bildern von einheimischen Malern gibt es hier Gemälde des 19.

und 20. Jh. sowie Grafiken, Aquarelle und Zeichnungen. Darunter auch Blätter von Picasso, Miró, Chagall.
Friedrichstr. 32

Georgs Galerie ▸ Klappe vorne, b 3
Galeriebesitzer Georg Meierhenrich zeigt hier eigene Bilder und Recycling-Plastiken aus Altmetall, ebenso Sylter Künstler des 19. Jh.
Kjeirstr. 23 • Tel. 73 60 • tgl. 10.30–13 und 15–19 Uhr, in der Nebensaison Sa nachmittags und So geschl.

Insel Buchhandlung Voss
▸ Klappe vorne, a 4
Große Auswahl, vom Bildband bis zum Taschenbuch.
Friedrichstr. 27

Leysieffer ▸ Klappe vorne, a 4
Süße Versuchungen in allen Varianten bei der Naschwaren-Kette. Die Confiserie ist zu jeder Tageszeit gut besucht. Imbiss gleich gegenüber.
Friedrichstr. 35

Radzuweit ▸ Klappe vorne, b 3
Nautiquitäten, Schiffsmodelle und alte Seemannsarbeiten stehen hier neben einer Vielfalt von Silber und kuriosen Spazierstöcken.
Kjeirstr. 2

Surfshop ▸ Klappe vorne, b 4
Alles, was Surfer, Windsurfer und Taucher für ihren Sport brauchen, können sie in diesem Shop in der Nähe des Westerländer Bahnhofs finden. Natürlich gibt es auch Sportswear und Funktionskleidung bekannter Hersteller im Sortiment.
Wilhelmstr. 5

Sylter Tee Company
▸ grüner reisen, S. 18

Töpferstube ▸ Klappe vorne, a 3
Vasen, Krüge und Becher handbemalt, auch Auftragsarbeiten, z. B. Namensschilder.
Strandstr. 18

Robert Wegst ▸ Klappe vorne, a 4
Den Titel »Das Haus der Geschenke« führt das alteingesessene Geschäft zu Recht: Schmuck, Silber, Muscheln – von günstig bis aufwendig findet der Besucher hier die ganze Welt der Mitbringsel.
Friedrichstr. 33

Wochenmarkt ▸ Klappe vorne, b 3
Jeden Samstag und im Sommer auch Mittwoch von 8 bis 14 Uhr findet auf dem Platz vor dem Rathaus ein Wochenmarkt statt. Beste Quelle für Obst und Gemüse, auch aus biologischem Anbau, Käse, Fisch, Wurst.

Zur alten Dorfschmiede
▸ Klappe vorne, c 4
Der Däne Ole Grillfeld bietet Altes aus Skandinavien und Norddeutschland an: Tische, Truhen, Schränke aus hochherrschaftlichen Häusern, aber auch Lampen und riesige flämische Kronleuchter.
Keitumer Chaussee 11

AM ABEND

Westerland ist bekannt für sein vielfältiges Nachtleben. Nachfolgend die interessantesten Lokale:

American Table Dance
▸ Klappe vorne, b 3
Erotisches und exotisches Entertainment: GoGo Dancing, Private Dance, Bauchtanz und vieles andere wird hier geboten.
Paulstr. 3 • Tel. 92 70 50 • in der Saison tgl. 21–2 Uhr

MERIAN-Tipp

SYLT AQUARIUM
▶ Klappe vorne, a 5

Das Sylt Aquarium in Westerland lädt dazu ein, zwei außergewöhnliche Lebensräume voller Gegensätze zu entdecken: die Nordsee und das tropische Meer. Im Bistro mit Terrasse können sich die Besucher zwischendurch stärken. In der Saison gibt es besondere Veranstaltungen speziell für Kinder. Gaadt 33 (am Schützenplatz) • Tel. 8 36 25 22 • www.sylt aquarium.de • tgl. 10–18 Uhr • Eintritt 12 €, Kinder 8 €

Cheers ▶ Klappe vorne, b 3
Frido Beyer, ehemals »My Way«, steht wieder hinterm Tresen. Zu hauptsächlich schwarzer Musik fühlt sich der Gast in der Bier- und Cocktailbar wohl.
Andreas-Nielsen-Str. 8 •
Tel. 83 44 66 • tgl. ab 20 Uhr

Claudia ▶ Klappe vorne, b 3
Ob Claudia ein Wirt oder eine Wirtin ist, bleibt ein Geheimnis. Hier wird getanzt, getanzt, getanzt.
Andreas-Nielsen-Str. 10 • Tel. 2 49 49 • Mo–Sa ab 22 Uhr, So geschl.

Cohibar ▶ Klappe vorne, a 4
Ein Stück Kuba auf Sylt. Exklusive Rumsorten, Bistrogerichte, trendige Cocktails und gute Weine.
Bötticherstr. 10 • Tel. 2 26 73 • tgl. ab 18 Uhr, im Winter Mi geschl.

Compass ▶ Klappe vorne, a 4
Bis zum frühen Morgen legt der Discjockey in diesem Allround-Treff – Café, Restaurant, Bar – Platten zum Tanz auf.
Friedrichstr. 40 • Tel. 2 35 13 • tgl. 9–3 Uhr

Kinowelt ▶ Klappe vorne, a 3
In vier Sälen zeigt die neue »Kinowelt« in Westerland täglich mindestens acht verschiedene Filme, schon ab nachmittags gibt es Vorstellungen für Kinder.
Strandstr. 9 • Tel. 83 62 20 • www.kinowelt-online.de/westerland • Eintritt für Kindervorstellungen 4 € für Kinder, 5 € für Erwachsene, ab 17 Uhr 6–7,50 €

Kleist-Casino Sylt
▶ Klappe vorne, a 3
Hier trifft sich die Gay-Scene, aber auch Hetero-Paare sind an einer der Bars oder beim Tanzen zu sehen.
Elisabethstr. 1 a • Tel. 2 42 28 • tgl. 21–3, Nebensaison ab 22 Uhr

Spielbank ▶ Klappe vorne, b 3
Das kleinste Casino der Republik bietet Baccara, Black Jack, Roulette und jetzt auch die Poker-Variante »Texas Hold' em«. Zur Entspannung zwischen den Spielen gibt es Cocktails an der Bar.
Andreas-Nielsen-Str. 1 (Rathaus) • Tel. 23 04 50 • tgl. ab 17 Uhr, in der Hauptsaison bis maximal 3 Uhr, Nebensaison bis 1 Uhr

Thommy's Musikcafé
▶ Klappe vorne, a 3
Hier treffen sich Einheimische und Gäste bei Rock, Reggae und Oldies. Es ist meist voll, und die Leute sind kontaktfreudig.
Bomhoffstr. 8 a • Tel. 12 21 • www.sylt-thommys.de • tgl. 22 Uhr– open end, Nebensaison Mo geschl.

Wunderbar   ▸ Klappe vorne, a/b 4

Angesagter In-Treff für alle, die deutschen Schlager lieben – von alt bis neu. Viele junge Leute, gute Laune, wilde Nächte.

Paulstr. 6 • Tel. 2 17 01 • www.wunderbar-sylt.eu

GESUNDHEIT UND FITNESS

Fitnessinsel Sylt

▸ S. 25

Massagen und Krankengymnastik

Ben und Michael Paulsen haben in ihrem Therapiezentrum (alle Kassen) und in ihrer Privatpraxis wohl das größte Behandlungsangebot Westerlands. Das Leistungsspektrum reicht von klassischer Massage über Krankengymnastik bis zu Migräne- und CranioSacrale-Therapie.

– Therapiezentrum: Deckerstr. 4 • Tel. 2 99 25 52   ▸ Klappe vorne, b 3

– Privatpraxis: Stadumstr. 47 • Tel. 99 55 22   ▸ Klappe vorne, c 2

www.sylt-physio.de

Sport-Center   ▸ Klappe vorne, a 3

Im Aktivraum des Syltness-Centers gibt es ein täglich wechselndes Programm. Auch Rückenschule, Gymnastik.

An der Strandpromenade (Strandstraße/Dr.-Nicolas-Straße) • Tel. 99 83 14

Sylter Welle 👫

▸ Familientipps, S. 33

Syltness-Center 👫

▸ Klappe vorne, a 3

Das moderne Freizeitbad, schiffsförmig in eine künstlich aufgeschüttete Dünenlandschaft eingebettet, bietet das volle Programm: Meerwasser-

Wellenbad mit eingebauten Geysiren, Rückenmassagedüsen, Wildwasserkanal und eine 45 m lange Wasserrutsche. Zweistöckige Liegezone, Kinderbereich, Saunawelt inklusive Dünensauna, Fitnessbereich, Wassergymnastik und eine Bar. Daneben gibt es Thalasso, ambulante Kuren, ein Beauty-Studio, fernöstliche Behandlungen und vieles mehr. Nach speziellen Programmen, Clubkarten, Familientagen oder -zeiten (verbilligte Eintrittspreise) sollte man sich erkundigen.

An der Strandpromenade (Strandstraße/Dr.-Nicolas-Str.) • Tel. 99 80 oder 01 80/5 00 99 80 • tgl. 9–21.30 Uhr

SERVICE

AUSKUNFT

Tourismus-Service

▸ Klappe vorne, a 3

Vom Mietwagen bis zum Strandkorb kann hier alles (vor-)gebucht werden.

Strandstr. 35 • Tel. 01 80/5 00 99 80 • www.westerland.de

FAHRRADVERLEIH

Leksus   ▸ Klappe vorne, b 4

Bring- und Holservice.

Lorens-de-Hahn-Str. 23 • Tel. 83 50 00

Lydia's   ▸ Klappe vorne, b 3

Kirchenweg 2 • Tel. 29 94 94

M+M   ▸ Klappe vorne, a 4

Bismarckstr. 46 • Tel. 2 56 88

KURKONZERTE

Musikmuschel   ▸ Klappe vorne, a 4

Für Inhaber von Kurkarten ist der Eintritt zur Musikmuschel frei.

An der Kurpromenade • Mai–Okt. tgl. außer Mo 11 und 15.30 Uhr, Juli/Aug. auch 19.30 Uhr

Der Norden
Wer faszinierende Natur –
Wanderdünen, Kliffe, Heidelandschaft, tobendes
Meer, ruhiges Watt, seltene Vögel – gepaart mit
Kultur und Luxus schätzt, ist hier richtig.

◄ Schönste Steilküste der Insel: Das
Rote Kliff (► S. 48) scheint bei Sonnenuntergang tatsächlich rot zu leuchten.

Der Norden

Westerland

Sylt-Ost

Der Süden

Kampen  ► S. 116, C 4

600 Einwohner

Ortsplan ► Klappe vorne

Für die einen ist es Sodom und Go-
morrha, für andere ein Tummelplatz der »High Snobiety«, wieder
andere trauern um eine verloren ge-
gangene Künstlerkolonie.
Kampen ist jedenfalls ein Parado-
xon, ein Dorf der Gegensätze, in
dem fast alles möglich ist. Die Gemeinde zählt etwa 600 Bürger, die
Zahl der Gästebetten ist viermal so
hoch. Kaum ein anderer europäi-
scher Ort hat auf so kleiner Fläche
so viele Nobel-Lokale, Luxus-Bou-
tiquen und (zumindest im Sommer)
Edel-Limousinen zu verzeichnen.
Andererseits bietet Kampen auf
ebendieser Fläche einen atemberaubenden Reichtum an Naturerleb-
nissen, gewissermaßen einen konden-
sierten Querschnitt durch die unterschiedlichen Landschaftsformen
von Sylt: Brandungszone, Strand
und Kliff, Dünen und Heideflächen,
Wattwiesen und Watt. Außerhalb
der Saison wirkt das Dorf fast verlassen, und der einsame Wanderer
kann die »erfrischende Melancho-
lie«, die Thomas Mann einst in
Kampen verspürte, nachempfinden.
Unter dem Einfluss von Ferdinand
Avenarius, dem Herausgeber der
Zeitschrift »Kunstwart« und Be-
gründer des »Vereins Naturschutz
Insel Sylt«, entwickelte sich Kampen
zum Künstlerzentrum der Insel.
Zahlreiche Maler ließen sich hier
nieder, Schriftsteller arbeiteten an
ihren Werken, Musiker fanden in
der Natur Ruhe und Inspiration.

Emil Nolde, Heinrich Vogeler, Lovis
Corinth, Thomas Mann, Carl Zuck-
mayer, Max Frisch – ihre Namen
zieren Kampener Gästebücher.
Die Sechziger wurden dann die wil-
den Jahre des Dorfes; die Boulevard-
presse trug ihren Teil dazu bei, Kampens Ruf als Eldorado der Reichen
und Schönen auch noch in die ent-
ferntesten Winkel des Landes zu tragen. Seitdem gehören die Pseudo-
Freizeit-Playboys ebenso zum Orts-
bild wie Künstler und Journalisten,
Zweitwohnungsbesitzer und Pen-
sionsgäste.
Eines spricht jedenfalls für Kampen:
Jeder findet hier, was er sucht. Wer
Trubel braucht, kommt in der
»Whiskystraße«, dem Strönwai, auf
seine Kosten; wer einkaufen will,
kann sein Geld bei den besten Juwe-
lieren und den exklusiven Mode-
boutiquen loswerden; und wer einfach nur bummeln will, hat auch sein
Vergnügen.
Und auch der abgeklärtere Reisende
kann einfach die natürliche Schönheit und die augenfreundliche Architektur des Dorfes mit seinen
niedrigen, durchweg reetgedeckten
Häusern genießen. Wahrscheinlich
sind es gerade diese Kontraste, die
Kampens Reiz ausmachen.

SEHENSWERTES

Kaamp-Hüs ▸ Klappe vorne, b 2

In dem besonders schönen Kommunikationszentrum finden Veranstaltungen und Ausstellungen statt. Im Sommer gibt es regelmäßig Lesungen prominenter Autoren und Konzerte von bekannten Künstlern. Auch für Bälle und Tagungen stehen die Räume zur Verfügung. Selbstverständlich werden auch die Feste der Gemeinde hier gefeiert.
Hauptstr. 12

Kampener Vogelkoje ▸ S. 116, C 3

Rund um die frühere Entenfanganlage, die von 1767 bis 1921 in Betrieb war, unterhält der Sylter Verein Söl'ring Foriining ein 10 ha großes **Naturschutzgebiet**. Im Informationszentrum befindet sich ein Modell der ursprünglichen Koje.
An der Straße Kampen–List • Tel.
3 28 05 • April–Okt. tgl. 10–16 Uhr
3 km nördl. von Kampen

Leuchtturm Rotes Kliff
▸ Klappe vorne, b 3

Von innen ist das älteste Leuchtfeuer der Insel (Baujahr 1855) nicht mehr zu besichtigen, aber einen Spaziergang ist der majestätische Turm mit dem schwarzen Ring allemal wert. Er ist 38 m hoch, liegt damit 62,70 m über dem mittleren Hochwasser und ist bei klarer Sicht noch aus etwa 40 km Entfernung zu sehen. Offiziell heißt er »Rote-Kliff-Feuer«, im Volksmund wird er aber »Christian« genannt – so hießen die meisten dänischen Könige. Früher verbrauchte er jährlich 3400 kg Rüböl und 36 m Lampendocht, seit 1929 wird er elektrisch betrieben und seit 1978 von Tönning aus automatisch gesteuert.

Rotes Kliff 3 ▸ Klappe vorne, a 3

Bis zu 30 m hoch ist die dramatische Steilküste zwischen Kampen und Wenningstedt, einer der landschaftlichen Höhepunkte Sylts, der bei jeder Sturmflut weiter angefressen wird. Von hier aus erlebt man ein doppeltes Naturschauspiel: auf der einen Seite die tosende Brandung der Nordsee, auf der anderen die atemberaubende Dünenwelt. Das Kliff ist ein beliebter Treffpunkt zum Sonnenuntergang.

Uwe-Düne 4 ▸ Klappe vorne, a 2

Auf bequemen 115 Stufen gelangt man auf den höchsten (52,5 m) und schönsten Aussichtspunkt der Insel, benannt nach dem Sylter Freiheitskämpfer Uwe Jens Lornsen. An klaren Tagen ist vom »Gipfel« des grasbewachsenen Sandbergs ein Rundblick über ganz Sylt und bis Amrum, Föhr und Dänemark möglich.

SPAZIERGANG

Ortsplan ▸ Klappe vorne

Beides, offenes Meer und Watt, kann man gut auf einem Spaziergang erleben. Ausgangspunkt ist der Parkplatz gegenüber dem **Kaamp-Hüs**. Von hier aus geht man durch den **Strönwai** und den **Westerweg** über die Heide zur **Sturmhaube** ans Meer; wenn man genug Salzluft inhaliert hat, wieder zurück, diesmal über Heide und **Kurhausstraße** nach Osten. Man lässt das Kaamp-Hüs rechts liegen und wandert den **Wattweg** entlang, vorbei am Kurpark und an schönen Friesenhäusern, zum Watt. Spaziert man in Richtung Süden, kommt man über **Kupferkanne** und **Sjipwai** wieder zurück in die Ortsmitte.
Dauer: ca. 1 Std.

ÜBERNACHTEN
Golf- und Landhaus
> ▶ Klappe vorne, südl. b 3

Klassisch-elegant • Bar, Schwimmbad, Sauna, Golf-Arrangements.
Braderuper Weg 12 • Tel. 4 69 10 •
www.landhaus-kampen.de •
7 Zimmer, 5 Suiten • 🐕 • €€€€

Reethüüs   ▶ Klappe vorne, b 2

Nordfriesisches Reetdachhaus • Hotel garni mit aufmerksamer Gästebe-
treuung. Schwimmbad, Sauna.
Hauptstr. 18 • Tel. 9 85 50 •
www.reethues-sylt.de • 20 Zimmer •
🐕 • €€€€

Rungholt   ▶ Klappe vorne, a 2

Freundliche Atmosphäre • Größtes
Hotel in unmittelbarer Strandnähe.
In der Saison nur Halbpension.
Kurhausstr. 35 • Tel. 44 80 •
www.hotel-rungholt.de • 64 Zimmer •
♿ • 🐕 • €€€€

Walter's Hof   ▶ Klappe vorne, a 2

Liebe zum Detail • Beliebtes Hotel
mit Zimmern, Apartments mit
Meerblick und Tappe's Restaurant.
Kurhausstr. 23 • Tel. 9 89 60 •
www.walters-hof.de • 30 Zimmer •
🐕 • €€€€

Ahnenhof   ▶ Klappe vorne, a 2

Großer Wellnessbereich • Strandna-
hes Haus, viele Zimmer mit Meerblick, schöner großer Garten.
Kurhausstr. 8 • Tel. 4 26 45 •
www.ahnenhof.de • 13 Zimmer • 🐕 •
€€€

Landhaus Südheide
> ▶ Klappe vorne, b 3

Einladend • Ein altes Kapitänshaus
ist hier zu einem gemütlichen kleinen Hotel geworden.
Sjipwai 4 • Tel. 9 45 90 • www.land
haus-suedheide.de • 12 Zimmer •
🐕 • €€€

Treffpunkt für Kampener und Gäste: Im reetgedeckten Kaamp-Hüs (▶ S. 48) finden
alle größeren Veranstaltungen statt, außerdem residiert hier das Tourismusbüro.

ESSEN UND TRINKEN

Gogärtchen ▸ Klappe vorne, b 2

Society-Treffpunkt • Was in Kampen läuft, läuft erst einmal im Gogärtchen, dem prominentesten Prominentenmarkt nördlich von München. Der einfallsreiche Rolf Seiche ist der beste Kenner der Insel-Society, und er weiß, was seine mehr oder weniger illustren Gäste erwarten: nachmittags Kuchen, Snacks und Champagner im Garten, abends stilvolles Restaurant mit lockerer Kampen-Atmosphäre und bis spät in die Nacht das muntere Treiben an der Bar – im Sommer auch draußen. Strönwai • Tel. 4 12 42 • www.go gaertchen-sylt.de • Ostern–Mitte Okt., zur Jahreswende und zur Biike tgl. 14–2 Uhr • €€€€

Dorfkrug ▸ Klappe vorne, b 3

Rustikal und bodenständig • Ein Kampener Klassiker, der vor allem wegen der schönen Kacheln, der Geselligkeit und der regen Bar-Kommunikation überaus beliebt ist. Die »bürgerliche Küche« ist gut und einfallsreich. Alte Dorfstraße/Braderuper Weg 3 • Tel. 4 35 00 • www.dorfkrug-kampen. de • in der Saison tgl. 12–1, sonst Di– Fr 17–1, Sa und So 12–1 Uhr • €€€

Manne Pahl ▸ Klappe vorne, b 2

Schweizer Charme • Der rührige Schweizer Pius Regli hat es verstanden, sein traditionsreiches Café zum Allzweck-Treff auszubauen: Bis gegen Mittag wird täglich Frühstück serviert, nachmittags gibt es auf der beheizten Terrasse und in der gemütlichen Stube hervorragenden Kuchen (aber auch Labskaus oder Nudeln), abends solide Speisen, und die Bar ist sowieso stets umlagert. Zur-Uwe-Düne/Hauptstraße • Tel. 4 25 10 • tgl. 10–1 Uhr • www.manne-pahl.de • €€€

Sturmhaube ▸ Klappe vorne, a 1

Legendäre Bar • In neuem Ambiente werden hier edle und bodenständige Speisen auf hohem Niveau serviert. Von der Bar oben und der Terrasse unten kann man weiterhin den Sonnenuntergang genießen. Riperstig 1 • Tel. 99 59 40 • www.sturmhaube.de • €€€

Vogelkoje ▸ S. 116, C 3

Beliebt bei Ausflüglern • Inmitten des Dickichts der Vogelkoje bieten die liebevoll eingerichtete Stube und die schöne Terrasse Erholung. Abwechslungsreiche Mittagskarte, 35 Kaffee-Zubereitungsarten. Abends wird der Klassiker »Kojenente« serviert. Große Auswahl an exzellenten Weinen, auch offenen. Lister Str. 100 (3 km nördlich an der Straße nach List) • Tel. 9 52 50 • www. vogelkoje.de • tgl. 9.30–22 Uhr • €€€

Greta's Rauchfang ▸ Klappe vorne, b 2

Kampener Institution • Mit resolutem Charme hat Greta Arjes eine Kampener Institution geschaffen. Dreh- und Angelpunkt ist die kontaktfreudige Bar, je nach Wetter drinnen oder draußen, daneben das Restaurant mit kleiner, pfiffiger Karte (Steak Teriyaki), davor die einladende Südterrasse, auf der Spareribs und täglich wechselnde Früchtebowle als Hits gehandelt werden. Strönwai • Tel. 4 26 72 • www.gretas-rauchfang.de • Ostern– Mitte Okt. und zur Jahreswende tgl. ab 14, So ab 11 Uhr • €€

Im legendären Café-Restaurant Gogärtchen (▶ S. 50) in Kampen trifft sich nach wie vor die Insel-Society zum Sehen und Gesehenwerden.

Gourmet Eck ▶ Klappe vorne, b 2

In-Treff • Das neue Gourmet Eck vom »Österreicher« Dieter Gärtner und von Ragna Schwarz ist gleich nach seiner Eröffnung Ostern 2008 zu einem beliebten Treffpunkt geworden. Bar, Café, Lounge, Restaurant und Gartenterrasse bieten in ihrer kulinarischen Vielfalt für jeden etwas.
Braderuper Weg 2 • Tel. 44 61 60 • www.gourmet-eck-sylt.de • tgl. ab 12 Uhr • €€

Jens'ns Tafelfreuden
▶ Klappe vorne, b 3

Elegant • Gemütliches Abendrestaurant mit gehobener bürgerlicher Küche in einem alten Friesenhaus. Besonders angenehmer Service.
Süderweg. 2 • Tel. 4 40 41 • www.jensens-tafelfreuden.de • tgl. ab 17 Uhr, in der Nebensaison Di geschl. • €€

Kupferkanne ▶ Klappe vorne, c 2

Kaffee mit Meerblick • Die ehemalige Bunkeranlage in der Kampener Heide ist jetzt ein Kaffeegarten mit einmaligem Blick auf Heide und Watt und einem Café im Keller. Der Kuchen, vor allem Rhabarber-Blechkuchen, ist sehr gut und wird in großen Portionen serviert.
Stapelhooger Wai 7 • Tel. 4 10 10 • www.kupferkanne-sylt.de • Ostern–Ende Okt. und zur Jahreswende tgl. ab 10 Uhr • €€

Odin/Das kleine Leysieffer
▶ Klappe vorne, b 2

Nach dem Einkaufsbummel • Ein überaus beliebter Treffpunkt – drinnen oder draußen. Hier verabredet man sich gerne, um bei Bier oder Champagner und kleinem Snack weitere Aktivitäten zu planen.
Strönwai 10 • Tel. 4 54 55 • tgl. 10–24 Uhr • €€

La Grande Plage

> ▶ Klappe vorne, a 1

Direkt am Strand • Ein Holzhaus auf Stelzen mit Bistro und Sauna, in dem man vom Frühstück bis zum letzten Drink in der Nacht, bei schönem Wetter auch auf der Terrasse, verweilen kann. Beliebte Beachpartys. Riperstig/Weststrand • Bistro: Tel. 88 60 78 • www.grande-plage.de • tgl. ab 11 Uhr • € • Sauna: Tel. 88 60 79 • tgl. 12–18 Uhr, Di, Mi geschl.

Sanders im Kaamp-Hüs

> ▶ Klappe vorne, b 2

Junge, dynamische Küche • Vom Frühstück bis zum Dinner wird der Gast von Kai Sanders verwöhnt. Hauptstr. 12 • Tel. 88 64 60 • www.sanders-kampen.de • tgl. ab 9.30 Uhr • €

Strandtreff Buhne 16

> ▶ Klappe vorne, nördl. a 1

Hotspot • Die Anatomiker nennen es Café Po, die Pragmatiker Café Klo, aber alle Stammbewohner von Kampens heißem Strandabschnitt campieren täglich beim Behrens-Clan, genießen frische Makrelen oder Friesenkuchen. Ab Ostern finden hier viele Strandpartys statt. Zugang über Kampener Strand (2 km nördl.) oder vom Parkplatz Buhne 16 • Tel. 49 96 • www.buhne16.de • Ostern–Mitte Okt. tgl. ab 10 Uhr • €

Wiin Kööv

> ▶ Klappe vorne, b 3

Kleine Weinstube • Im Hof hinter dem Restaurant hat der Dorfkrug-Wirt (▶ S. 50) einen Weinhandel eröffnet, in dem man gemütlich essen und trinken kann. Braderuper Weg 3 • Tel. 8 36 23 54 • www.weinstube-kampen.de • tgl. ab 17 Uhr • €

▶ S. 50

EINKAUFEN

Atelier Siegwart Sprotte

> ▶ Klappe vorne, b 3

In der Wirkungsstätte des Potsdamers, der von 1953 bis zu seinem Tode 2004 hier arbeitete, sind seine Bilder ausgestellt. Auch Atelierkonzerte und Gesprächsrunden. Alte Dorfstr. 1 • Tel. 4 24 13

Designer-Quadrat

> ▶ Klappe vorne, b 2

Im Bermuda-Viereck zwischen Hauptstraße, Zur-Uwe-Düne, Westerweg und Kurhausstraße – mit dem Strönwai als exklusivem Kernstück – hat (fast) alles, was gut und vor allem teuer ist, einen Spezialladen. Eine breite Auswahl an Designern führen L'uomo, Ingrid Homberg und Different Fashion. Sportmode für Polo und Golf werden bei La Martina in der Kurhausstraße feilgeboten. Edle Schuhe gibt es bei Ingrid Kegelmann, ausgewählte »Dessous & Mode« bei Bingenheimer in der Alten Dorfstraße.

Galerie Herold ▶ Klappe vorne, b 3

Norddeutsche Kunst des Impressionismus und Expressionismus von 1870 bis 1950. Braderuper Weg 4

Galerie Rudolf ▶ Klappe vorne, b 2

Malerei und Grafik der Klassischen Moderne. In großzügigen Räumen wechselnde Sonderausstellungen. Hauptstr. 8, im Haus »Kampeneck«

Maus Einrichtungen

> ▶ Klappe vorne, b 2

Hier gibt es bildschöne Gartenmöbel im Friesenstil und alles, was zu erlesenem Wohnen gehört. Hauptstraße/Ecke Wattweg

Schweizer Atelier

▸ Klappe vorne, b 2

Goldschmiedin Susanne Dünne hat viele Stammkunden. Besonders schön: die Arbeiten mit Steinen. Westerweg 14

AM ABEND

Club Rotes Kliff ▸ Klappe vorne, b 3

Kommunikationsfreudige Bar und Keller-Disco mit guter Musik. Braderuper Weg 3 • Tel. 4 34 00 • www.club-rotes-kliff.de • Ostern–Mitte Okt. tgl. ab 22 Uhr

Pony   ▸ Klappe vorne, b 2

Seit über 40 Jahren einer der Hits des Kampener Nachtlebens. Zahllose Fehden, Freundschaften, Liebeleien und Scheidungen haben hier begonnen (oder ihr Ende gefunden). Strönwai 6 • Tel. 4 21 82 • www.pony-kampen.de • Ostern–Okt. und zur Jahreswende tgl. ab 22 Uhr

Schubert's Lounge

▸ Klappe vorne, b 2

Gemütliche Lounge für den Abend. Gute Cocktails und kleine Snacks. Kurhausstr. 5 • Tel. 9 95 42 06 • www.schuberts-lounge.de • tgl. 20–4 Uhr

SERVICE

AUSKUNFT

Tourismus Service im
Kaamp-Hüs   ▸ Klappe vorne, b 2

Hauptstr. 12/Ecke Wattweg • Tel. 4 69 80 • www.kampen.de

Zimmernachweis

Tel. 46 98 33 • 1. Juni–15. Sept. Mo–Sa 9–13 und 14.30–17.30, So 9–13 Uhr, übrige Zeit Sa/So geschl.

FAHRRADVERLEIH

Camping Kampen

▸ Klappe vorne, a 3

Möwenweg 4 • Tel. 4 20 86

Weit mehr als nur ein Kiosk: Der Strandtreff Buhne 16 (▸ S. 52) lockt seit den 1960er-Jahren amüsierfreudiges Partyvolk an – allerdings eher bei Sonnenschein …

List ▸ S. 117, E 2

1800 Einwohner
Ortsplan ▸ S. 55

Die herausragende Attraktion der nördlichsten Ortschaft Deutschlands ist die Natur: die bizarre Mondlandschaft der Dünen, das spektakuläre Wellenspiel von Brandung und Wattenmeer an der schmalen **Landzunge Ellenbogen**, der ruhige Kinderstrand 👫 im Osten am Wattenmeer, der Vogelreichtum im **Königshafen**, rund 20 km Sandstrand, die allgegenwärtigen Schafe, die Salzwiesen und Dünen bevölkern.

Im **Listland** 5 wandern nicht nur die Dünen, auch der Ort selbst hat eine beachtliche Wegstrecke hinter sich. Das erste List, direkt an der Westküste gelegen, wurde von der Nordsee verschlungen. List Nummer zwei, weiter landeinwärts zwischen Dünen gebettet, fiel wahrscheinlich der Sturmflut von 1362 zum Opfer. Im Osten gründeten Dänen dann das heutige List, das vom Rest der Insel durch schier unüberwindliche Dünen abgeschnitten war. Als 1908 die Inselbahn nach List gelegt wurde, standen dort weniger als 20 Häuser. Heute gehört das ganze Listland, das sind etwa 1286 ha, einer 30-köpfigen Erbengemeinschaft.

Im letzten Jahrhundert prägte das Militär Gesicht und Schicksal des Dorfes; List war in beiden Weltkriegen Stützpunkt der Luftwaffe. Inzwischen sind die Bauten entweder abgerissen oder werden touristisch genutzt. Heute leben 1600 Einheimische in der Gemeinde, hinzu kommen 1100 Zweitwohnungsbesitzer. Nach dem Neubau des Hafens wird jetzt im Mai 2010 das Grand SPA Resort A-ROSA Sylt eröffnet.

SEHENSWERTES

Austernbänke in der Blidselbucht ▸ S. 117, D 3

»Würziger, salziger Nordseeduft entströmt erfrischend den weißen Austern, in denen die leckeren, cremefarbigen Meereslieblinge dem Hinunterschlürfen lüsterner Kehlen entgegenharren«, notierte ein Gourmet-Lyriker 1912 über die Sylter Austern. Damals waren die Austernbänke der Insel noch Eigentum des preußischen Staates, und dazu gehörte auch die »Fiskalische Austernstube von 1804« (heute: ▸ Alter Gasthof, S. 57).

Damals wie heute genießen dort (und in vielen anderen Restaurants auf der Insel und in ganz Europa) Kenner die gepriesene Schlabber-Delikatesse. Dazwischen lag freilich eine lange Unterbrechung, denn 1935 mussten die Austernanlagen geschlossen werden. Seit 1986 hat List in der südöstlich am Wattenmeer gelegenen Blidselbucht wieder seine Austernbänke, betrieben von »Dittmeyer's Austern-Compagnie« (Hafenstr. 10–12, Tel. 87 08 60).

WUSSTEN SIE, DASS...

... die Sylter Auster jetzt »Marke des Jahrhunderts« ist? So reiht sich das zur Klasse der Muscheln gehörende Tier ein in die Reihe von Kult-Produkten wie Mercedes, Tempo oder Nivea.

Ellenbogen ▸ S. 117, D–F 1

Zwischen den Leuchttürmen Westellenbogen und Ostellenbogen ist die landschaftliche Vielfalt der Insel im Konzentrat zu beobachten: Brandung, Watt, einsame Dünen. Fas-

zinierend ist der Blick von der Ostspitze der Halbinsel, wo offenes
Meer und Wattenmeer aufeinander
prallen. Deutlich zu erkennen sind
die heftigen Wirbel, hervorgerufen
durch die Gezeitenströmungen, die
mit jeder Tide mehr als 500 000 Kubikmeter Meerwasser ins Watt hi-
neinpumpen, Wassermengen, die
anschließend natürlich wieder zu-
rückfließen. Die Ellenbogenspitze
verlagert sich so stetig weiter nach
Osten. Baden ist hier wegen der Tie-
fenströmung lebensgefährlich!
**Zufahrt über die Ellenbogenstraße,
unmittelbar vor der Lister Weststrandhalle • für PKWs und für Motorräder
ist eine Mautgebühr zu entrichten**

Hafen 🍴🚻   ▶ S. 55, c 2

Der verheißungsvolle Spitzname
»List Vegas« mag übertrieben sein,
aber die Wanderdünen des Listlands
sind ja auch nicht die Wüste von Ne-
vada. Turbulent geht es rund um die
Hafenanlage jedenfalls allemal zu.
Das gesamte Gebiet wurde neu gestaltet. Die Alte Tonnenhalle ist entstanden, sozusagen die nördlichste
»Shopping-Mall« Deutschlands. Die
Gosch-Gastronomie steht im Mittelpunkt des Vergnügens, und das
vielleicht zu perfekte Design bekommt schon jetzt eine ordentliche
Patina. Die Ausflugsdampfer und
Fähren bieten nach wie vor ihre beliebten Fahrten an.

MERIAN-Tipp **7**

SPAZIERGANG AM ELLENBOGEN ▶ S. 117, D–F 1

Der Lister Ellenbogen, die äußerste Nordspitze der Insel, ist einfach immer schön. Bei jedem Wetter und bei jeder Gemütsverfassung des Besuchers – bei Sturm und Regen fühlt man sich wie ein Held, wenn man es geschafft hat, die Spitze zu umrunden, bei kühlen Temperaturen mit Sonnenschein findet man immer einen geschützten Platz in den Dünen zum Träumen oder Reden, und beim Gehen am Flutsaum kommen einem die eigenartigsten Gedanken.

Königshafen ▶ S. 117, D/E 1

Die größte geschützte Naturbucht der deutschen Nordseeküste verdankt ihren Namen dem dänischen König Christian IV., der hier 1644 die vereinte Flotte der Niederländer und Schweden besiegt hat. Einen Hafen sucht man hier freilich vergebens, denn die Bucht ist inzwischen für Schiffe viel zu versandet. Beachtlich an der Küste zwischen List und dem Ellenbogen sind die mannigfachen Naturschauspiele, etwa die von Schafherden bewohnten, teppichartigen Salzwiesen oder die zahllosen Meeresvögel, die man mit dem Fernglas vom Möwenbergdeich aus beobachten kann. Allerdings dürfen große Teile des Watts im Königshafen und die angrenzende Insel Uthörn nicht betreten werden; der Schutz der Vögel und Seehunde geht zu Recht vor. Bei Interesse erhält man Auskunft über fachkundig geführte Wanderungen bei:

Wattenmeerstation Sylt ▶ S. 55, c 2

Hafenstr. 43 • Tel. 01 51/17 45 34 97

Sylter Sahara ✦ ▶ S. 117, D 3

Fast kommt man sich vor wie in der richtigen Sahara, wenn man sich den einzigen Wanderdünen Deutschlands nähert. Die größte ist 1 km lang und fast 30 m hoch. Im Herbst und Winter treibt der Sturm den losen weißen Quarzsand an der Luvseite in die Höhe und lagert ihn auf der Leeseite ab, die Düne »wandert« so jedes Jahr 4 bis 10 m weiter nach Osten. Die Sylter Sahara ist das einzig wirklich naturbelassene Gebiet der Insel und sollte nur auf den markierten Wegen betreten werden, um Dünen und spärlichen Bewuchs vor der Zerstörung zu bewahren.
Südwestl. von List

ÜBERNACHTEN

Silbermöwe ▶ S. 55, a 3

Entspannung pur • In der Nähe des Oststrands liegt dieses ruhige, komfortable Hotel.
Süderhörn 7 • Tel. 9 52 20 • www.landhaus-silbermoewe-sylt.de • 7 Zimmer, 6 Suiten • ✈ • €€€

Pension Seeschwalbe ▶ S. 55, c 2

Komfortabel • Kleines, gut geführtes Haus, Frühstücksbuffet.
Hafenstr. 6 • Tel. 9 50 40 • www.list-sylt.de/seeschwalbe • €

ESSEN UND TRINKEN

Voigt's Alte Backstube ▶ S. 55, a 3

Selbst gemachte Verführungen • Nachmittags sorgen Kaffee, Kuchen und Torten, abends köstliche Lamm- oder Fischgerichte und »Entrecôte Surf & Turf« für zufriedene Gäste.

Süderhörn 2 • Tel. 87 05 12 • www.
altebackstube.de • Mitte Feb.–Anfang
Nov. und zur Jahreswende tgl. ab
14 Uhr, im Winter Mi geschl. • €€€

Alter Gasthof   ▸ S. 55, c 2

Gemütlich • Die traditionsreiche
ehemalige »Fiskalische Austernstube von 1804« ist jetzt ein viel gelobtes
Restaurant, das sich auf Austern,
Hummer, Muscheln und Edelfische
spezialisiert hat. Reservierung unbedingt erforderlich.
Alte Dorfstr. 5 • Tel. 87 72 44 •
www.alter-gasthof.com • tgl. 13–
22 Uhr, Mo geschl. • €€

Austernmeyer   ▸ S. 55, c 2

Für Austernfans • In der Probierstube
gibt es knackfrische Austern in allen
denkbaren Variationen.
Hafenstr. 10–12 • Tel. 87 75 25 •
www.austernmeyer.de • tgl. 10–
12 Uhr, im Winter Mo geschl. • €€

List Hüs   ▸ S. 55, b 3

Austern, Edelfische, Lamm und
Steak-Varianten in gemütlicher
Stube.
Hafenstr. 7 • Tel. 87 03 77 •
www.listhues.de • tgl. 12–14.30 und
ab 17 Uhr • €€

Weststrandhalle
          ▸ S. 55, nordwestl. a 1

Österreichische Küche • Holzbau
mit Terrasse und schönem Blick auf
Dünen und Meer. Fisch und österreichische Spezialitäten, auch auf
der Weinkarte. Zum Kaffee hausge-
backener Kuchen.
Weststrand • Tel. 87 02 66 • www.list-
sylt.de/restaurantweststrandhalle •
tgl. ab 11 Uhr • €€

Bam-Bus   ▸ S. 55, nordwestl. a 1

In-Treff • Die Kneipe unterhalb der
Weststrandhalle ist zugleich Bar,
Kiosk und Haltestellen-Treff der

Stiller Zauber: Ein Spaziergang am Lister Ellenbogen (▸ MERIAN-Tipp, S. 56) lässt
nicht nur gestresste Großstädter-Seelen zur Ruhe kommen.

Bus-Station. Der singende Bam-Bus-Wirt Klaus serviert Eintöpfe, Tomatenbrot mit Spiegelei und Drinks. Außerdem veranstaltet er legendäre »Vollmondpartys«, die bei jedem Vollmond im Sommer stattfinden.
Weststrand 13 • Tel. 87 13 60 • www.bam-bus.de • tgl. von Anfang März–Ende Nov. • €

Lister Austernperle (L. A. Sylt) ⚐⚐
▸ S. 55, b 3

Perfekt mit Kindern • Der familienfreundliche Strand hat ein neues Bistro. Vom Lutscher über Kaffee und Kuchen bis zum perfekten Abendessen wird hier alles geboten. Natürlich mit Spielplatz.
Oststrand List • Tel. 2 99 93 96 • tgl. ab 10.30 Uhr • €

Gosch
▸ S. 55, c 2

Nördlichste Fischbude • Jürgen Gosch hat sein Imperium am Hafen weiter ausgebaut: Die nördlichste Fischbude Deutschlands ist zusammen mit dem »Gourmet des Nordens« neu gestaltet worden. Darüber befindet sich das Hafendeck, wo's »jeden Abend rund geht«. Im Fischmarkt in der **Alten Tonnenhalle** gibt's Frisches, aber auch Eingeschweißtes für zu Hause, daneben im Shop die unglaublichsten Mitbringsel. Die **Alte Bootshalle** mit ihren zahllosen Selbstbedienungsständen voller Verlockungen aus dem Meer ist lebhafter Treffpunkt und praktisch immer voll; im selben Haus logiert die der Alte Knurrhahn. Kurz vor dem Hafen lädt nach wie vor das gläserne Lister Fischhaus zum Essen und Trinken ein.
Hafen und Hafenstr. 16 • Tel. 87 10 70 • www.gosch.de • tgl. ab 8 Uhr • €

Königshafen ⚐⚐
▸ S. 55, c 2

Bodenständig • Familienrestaurant mit solider gutbürgerlicher Hausmannskost und Meeresspezialitäten.
Alte Dorfstr. 1 • Tel. 87 04 46 • tgl. 11–14.30 und ab 17.30 Uhr • €

EINKAUFEN

Beauty Balance
▸ S. 55, c 2

Kosmetikshop und Day Spa der Diplom-Kosmetikerin Petra Stahl.
Hafenstr. 14 • Tel. 95 70 00 • www.syltkosmetik.de

Der Laden
▸ S. 55, c 2

Ein entzückendes kleines Lädchen für Spielzeug, Souvenirs und Maritimes.
Am Hafen

Kleinkariert
▸ S. 55, c 2

Geschenkboutique mit mehr als dem üblichen Mitbringselangebot.
Hafenstr. 1

Meeresrauschen
▸ S. 55, südl. a 3

Maritime Geschenke, Souvenirs und Accessoires.
Listlandstr. 23

Mylin Antiquitäten
▸ S. 55, b 3

Kachelöfen vergangener Jahrhunderte, einzelne seltene Fliesen, antike Kaminumrandungen. Öfen und Kamine werden in Deutschland frei Haus geliefert.
Dünenstr. 1

AM ABEND

Listro-Bistrotainment
▸ S. 55, b 3

Gemütliche Bar mit Bistro, Bier vom Fass, Pizza, Pasta, Snacks. Im Sommer sonntägliches Frühstück.
Hafenstr. 1 • Tel. 87 14 66 • Juni–Sept. tgl. ab 11, sonst ab 18 Uhr, Di geschl.

Selfmademan Jürgen Gosch in der Alten Bootshalle (▶ S. 58): Seit der gelernte Maurer 1970 das erste Fischbrötchen auf Sylt verkaufte, war ihm der Erfolg sicher.

GESUNDHEIT UND FITNESS

Wellness- und Therapiezentrum

▶ S. 55, c 2

Neben Gesundheitspaketen und Trinkwasserkuren, Inhalationen, Sauna, Solarium und medizinischen Bädern stehen alle klassischen physiotherapeutischen Anwendungen auf dem Programm. Das Haus bietet auch zehn Apartments für jeweils zwei Personen an,.
Hafenstr. 17 • Tel. 87 74 00 •
www.therapiezentrum-list.de •
Mo–Fr 8–20, Sa 8–14 Uhr

SERVICE

AUSKUNFT

Kurverwaltung und Zimmernachweis

▶ S. 55, b 3

Alle Informationen aus erster Hand.
Am Brünk 1 • Tel. 01 80/5 54 78 00 •
www.list.de

FAHRRADVERLEIH

Listrad

▶ S. 55, b 1

Am Brünk 66 • Tel. 87 76 87

M + M

▶ S. 55, b 3

Listlandstr. 1 • Tel. 87 75 44

Wenningstedt ▸ S. 118, B 5

900 Einwohner

Ortsplan ▸ S. 61

Wenningstedt gilt als das Familienbad von Sylt. Der Lebensrhythmus ist hier eher gemächlich. Die Umtriebigkeit findet im südlichen Nachbarort Westerland statt, der Luxus steht beim nördlichen Nachbarn Kampen im Vordergrund, in Wenningstedt kann man hingegen ohne Parkprobleme einkaufen, was man im täglichen Leben braucht. Für viele sind der große Supermarkt und die Apotheke die am schnellsten erreichbaren Läden ihrer Art.

Der Ort erstreckt sich vom Roten Kliff im Westen bis zum Weißen Kliff im Osten. Der Blick vom **Roten Kliff** 3 auf das rege Strandleben ist eine Pracht, aber das Juwel ist zugleich eine Quelle ständigen Kummers, denn der Abbruch nach dramatischen Sturmfluten zwang Hausbesitzer und Gemeindeväter schon mehrfach, Bauten abzureißen und weiter nach Osten zu verlegen.

Seit wann Wenningstedt besiedelt ist, bleibt ungeklärt. Das berühmte Ganggrab **Denghoog** nördlich des Dorfteichs jedenfalls wurde zur selben Zeit errichtet wie die Cheops-Pyramide in Ägypten, und auch sonst sind mehr als hundert frühgeschichtliche Stätten in den Naturschutzgebieten rund um den Ort zu entdecken. Unbewiesen ist auch die Überlieferung, die Angeln und Sachsen seien im 5. Jh. unter Führung von Hengist und Horsa von hier aus zur Eroberung Englands aufgebrochen. Angeblich begann ihr Beutezug im Friesenhafen von Wynningstede. Auf jeden Fall lag dieser Hafen damals mehr als 2 km weiter westlich als die heutige Kliffkante.

SEHENSWERTES

Denghoog 👥👥 ▸ S. 61, nördl. c 1

Der Name heißt **Thing-Hügel**, hier hielten die Germanen wohl einst ihre Gerichtsversammlungen ab. Dieser über 4000 Jahre alte Bau aus der Steinzeit ist das besterhaltene Hünengrab Norddeutschlands. Noch heute kann man durch das damals angelegte Öffnungsloch in die 5 m lange und 3 m breite Kammer des Ganggrabes hinabklettern. Als der Hamburger Professor Ferdinand Wibel das Grab 1869 öffnete, fand er neben Knochenresten auch reiche Beigaben wie Bernstein, Waffen, Gefäße und Werkzeuge (die Originale befinden sich im Landesmuseum Schleswig, einige Kopien im Keitumer Heimatmuseum). Unklar ist, ob der Denghoog das Grab einer Sippe, eines Heerführers oder gar eines Herrschers war. Wenn das Wetter nicht zu Strand- und Badevergnügen einlädt, ist der Einstieg in den Denghoog eine lohnende Alternative.

Neben der Friesenkapelle • April–Okt. Mo–So 10–16 Uhr, außerhalb der Saison nach Anmeldung: Tel. 3 28 05

Dorfteich ▸ S. 61, b 1/c 1

Nach der Rückkehr vom Strand ist die Umgebung des Dorfteichs der bevorzugte Tummelplatz. Hier kann man zwischen den ältesten und schönsten Friesenhäusern des Ortes flanieren, im Freien Kaffee, Kuchen oder einen Aperitif genießen, dabei die Entenfamilien auf dem Teich (einer ehemaligen Viehtränke) oder auf einer der beiden artenreichen Vogelinseln beobachten. Für Kinder steht ein Spielplatz bereit. Wenn der Dorfteich in einem der seltenen kalten Winter einmal zufriert, gibt es hier Eissportvergnügen.

ÜBERNACHTEN

Lindner Hotel Windrose ⛄⛄

▸ S. 61, b 1

Mit Familienzimmern • Großes Haus in unmittelbarer Strandnähe. Komfortable Zimmer. Schwimmbad, Sauna, Massagen. Das niveauvolle Restaurant Admirals-Stuben (▸ S. 62) gehört zum Haus, ebenso eine gemütliche kleine Bar.
Strandstr. 19 • Tel. 94 00 • www.lindner.de • 83 Zimmer, 9 Suiten • 🐾 • €€€€

Strandhörn

▸ S. 61, b 1

Ausgezeichnet • Mit der Beauty-Etage, dem großen Wellnessbereich mit Sauna, Dampfbad, Massagen und Thalasso-Anwendungen haben die Lässigs neben dem gleichnamigen Restaurant auch ein First-Class-Hotel. Strandkörbe im windgeschützten Garten.
Dünenstr. 20 • Tel. 9 45 00 • www.strandhoern.de • 11 Zimmer, 15 Apartments • 🐾 • €€€€

Ulenhof

▸ S. 61, c 1/2

Luxuriös und gemütlich • Die beliebten Ulenhof-Gastgeber haben ihr Angebot erweitert. Neben dem modernen Apartment-Hotel mit exquisitem Frühstücksbuffet, Espresso- und Prosecco-Bar, großem Wellnessbereich mit Schwimmbad, Sauna, Dampfbad und wunderbaren, auch ayurvedischen, Massagen (nicht nur für Hausgäste) bieten sie jetzt auch in einer Dependance Apartments und Wohnungen an.
Friesenring 14 (Hotel) • Ostmarkstr. 17 (Apartments/Wohnungen) • Tel. 9 45 40 • www.ulenhof.de • 🐾 • €€€

Friesenhof

▸ S. 61, c 1

Traditionsreich • Auf einem parkähnlichen Gelände befindet sich der Gasthof mit komfortablen Apartments. Frühstücksbuffet, Sauna, Bierstube.
Hauptstr. 26 • Tel. 94 10 • www.sylt-friesenhof.de • 13 Zimmer • 🐾 • €€

ESSEN UND TRINKEN

Olive im Strandhörn ▶ S. 61, b 1

Für Gourmets • Die lauschige maritime Bierbar mit vielen Schiffsornamenten war die Urzelle eines anspruchsvollen Gourmet-Restaurants, in dem Dirk Lässig jetzt erlesene Köstlichkeiten der internationalen Küche zubereitet. Daneben gibt es für den kleinen Hunger den Wintergarten und das Bistro mit entsprechender Karte. Im Sommer kann man sich seine Lieblingsspeisen auch auf der Terrasse im Innenhof servieren lassen.
Dünenstr. 1 • Tel. 9 45 00 •
www.strandhoern.de • tgl. ab 13 Uhr,
Mi geschl. • €€€€

Fitschen am Dorfteich ▶ S. 61, b 1

Nordsee meets Baden • Manfred Fitschens bewährte Mischung aus badischer Küche und nordfriesischen Produkten (Matjestatar, Lammragout, Topfenknödel) macht das Essen zum Vergnügen, und der Service seiner Frau Verena ist unnachahmlich. Im Sommer kann man ganz romantisch auf der Terrasse am Dorfteich tafeln. Viele Stammgäste schätzen den Stil des Hauses.
Am Dorfteich 2 • Tel. 3 21 20 •
www.fitschen-am-dorfteich.de •
tgl. ab 11.30 Uhr, außerhalb der
Saison Di geschl. • €€€

Wenningstedter Krug ▶ S. 61, b 1

Angenehme Atmosphäre • Regionale Gerichte werden hier raffiniert mit mediterranem Einschlag zubereitet. Frühstücksbuffet, Mittagseintopf, nachmittags Kuchen, Abendkarte. Komfortable Zimmer.
Hauptstr. 1 • Tel. 9 46 50 •
www.hotel-wenningstedter-hof.de •
tgl. ab 8 Uhr • €€€

Admirals-Stuben ▶ S. 61, b 1

Maritim in Friesischblau • Morgens gibt es hier ein großartiges Frühstücksbuffet, ab mittags kann man dann friesische Köstlichkeiten zu sich nehmen, am Nachmittag Kaffee und Kuchen genießen, und abends bietet das Restaurant gutbürgerliche Küche auf hohem Niveau.
Dünenstr. 14, im Hotel Windrose •
Tel. 9 40 80 • tgl. ab 7 Uhr • €€

Café Meeresblick ▶ S. 61, b 1

Romantisch • Die weiße Jahrhundertwende-Villa bietet eine beachtliche Vielfalt: deftige Mittagstische, Kaffee und Kuchen am Nachmittag, und abends zum Dinner werden Sylter Klassiker aus dem Meer und von der Heide serviert.
Strandstr. 26 • Tel. 4 44 22 • www.
restaurant-meeresblick.de • tgl. 9–
22, in der Saison bis 23 Uhr • €€

Kliffkieker ▶ S. 61, a 1

Deftige Küche • Dieses Restaurant liegt so nahe am Strand, dass der »Blanke Hans« bei Sturmfluten gelegentlich Teile des Hauses abreißt. Entsprechend guter Meeresblick, familiäre Atmosphäre.
Strandstr. 28 • Tel. 4 28 31 •
tgl. ab 11 Uhr • €€

Wonnemeyer
▶ grüner reisen, S. 17

Gosch ▶ S. 61, a 1

Direkt am Kliff • Gefährlich nahe an der Kante gibt es ein weiteres der beliebten Fischrestaurants von Jürgen Gosch. Auf der Karte steht fast alles, was das Meer hergibt, und der Open-Air-Tresen ist stets dicht umlagert.
Strandstr. 26 • Tel. 4 56 88 •
www.gosch.de • tgl. 8–23 Uhr • €

Für viele Gäste eine der schönsten Terrassen der Welt: Von der ersten Reihe in Wonnemeyers (▶ S. 17) Strandlokal genießt man einen »freien Blick nach England«.

EINKAUFEN

Annanitas   ▶ S. 61, b 2

Hier findet man schicke Mode für Damen und Kinder, viel Gestricktes, aber auch Outdoorjacken und Schuhe, Geschenkartikel und Schnickschnack für zu Hause.
Westerlandstr. 6

Blum's Fisch-Bistro & Fachgeschäft   ▶ S. 61, b 2

Was aus dem Meer kommt, gibt es hier in einwandfreier Frische und Appetitlichkeit. Mit beliebtem Steh-imbiss, wo man tagsüber eine Kleinigkeit zwischendurch zu sich nehmen kann.
Westerlandstr. 8 • www.blum-sylt.de

Jürgen Ingwersen   ▶ S. 61, c 1

Sylter Backtradition in dritter Generation seit 1925: Der rührige Bäckermeister aus Morsum hat hier gleich zwei Filialen. In beiden findet man viele als Geschenk verpackte Köstlichkeiten.
Hauptstraße und bei Feinkost Meyer • www.ingwersen-sylt.de

Therapiezentrum Wenningstedt

▸ S. 61, c 1

In diesem Zentrum rund um die Gesundheit gibt es vieles, was gesund macht oder dazu beiträgt, es zu bleiben: Neben verschiedenen wohltuenden Massagen, Lymphdrainage und Krankengymnastik werden auch Sylter Heilschlickpackungen angeboten.

Hauptstr. 8–10 • Tel. 44 64 98 • www.therapiezentrum-wenning stedt.de • ganzjährig Mo–Fr 8–18, Mi 8–13, im Sommer auch Sa 8–13 Uhr

Saunatorium

▸ S. 61, b 2

Eine Sauna ist im Therapiezentrum nicht vorhanden. Die gibt es jedoch hier, ebenso wie verschiedene Massagen und Spezialanwendungen von erfahrenen Therapeuten. Zudem ist das Saunatorium wegen seiner gemütlichen Atmosphäre beliebt.

Im Grund 3 • Tel. 47 87

SERVICE
AUSKUNFT
Tourist-Information/
Zimmernachweis

▸ S. 61, b 1

Westerlandstr. 1 • Tel. 9 89 00 (24-Stunden Info-Telefon) • www. wenningstedt.de • Mo–Fr 9–18, Sa 10–14, Juli und Aug. auch So 10–14 Uhr

Tourismus Service

▸ S. 61, b 1

Osetal 5 • Tel. 44 70

FAHRRADVERLEIH
Holst

▸ S. 61, c 2

Osterweg 22 • Tel. 4 33 15

Leksus

▸ S. 61, b 2

Westerstr. 3 • Tel. 88 97 62

Braderup

▸ S. 118, C 5

660 Einwohner

Offiziell gehört Braderup zu Wenningstedt, aber mit dem Rummel dieses Badeorts hat das schmucke Friesendorf wenig gemeinsam. Bis Mitte des 19. Jh. war es eine kleine Bauernschaft, die aus einigen wenigen Höfen bestand, so dass es keinen alten Ortskern gibt. Makellose Reetdachhäuser stehen auf ordentlichen Gartengrundstücken, es haben sich ein paar Kunsthandwerker niedergelassen, und der einzige Bioland-Bauer der Insel hat hier seinen Stammsitz.

Das Dorf lebt auch von seinen Sagen; denn in der Heide, am Kliff und im Wattenmeer haben von jeher die Unterirdischen, die »Önnereersken«, die Zwerge mit ihrem König Finn und die Riesen mit ihrem König Bröns ihr Unwesen getrieben. Der Nis-Puck-Weg im Naturschutzgebiet erinnert an die freundlichen Hausgeister, die »Puken«, und am Weißen Kliff soll der »Meermann« Ekke Nekkepenn, eine Art friesisches Rumpelstilzchen, der die Sylter in ständig wechselnder Gestalt gepeinigt und gepiesackt hat, der schönen Dorit Bundis beim Bade zugeschaut haben.

SEHENSWERTES
Braderuper Heide ⚡

▸ S. 118, C 5

Das Naturschutzgebiet zwischen Braderup und Kampen gibt einen nachhaltigen Eindruck vom Leben am und im Meer, von Salzpflanzen und Seevögeln. Dabei handelt es sich bei dem 137 ha großen Gebiet keineswegs um eine natürliche atlantische Heide, wie man sie von der Sylter Westküste kennt, sondern um eine Kulturlandschaft, die durch die

Nutzung von Menschen entstanden ist und nur durch aufwendige Pflegemaßnahmen erhalten werden kann. Fast 2500 verschiedene Tiere und etwa 150 zum Teil sehr seltene Pflanzenarten gibt es hier – viele davon stehen unter Naturschutz. Ein einzigartiger Lebensraum!

Naturzentrum Braderup 👫
▸ grüner reisen, S. 18

Weißes Kliff ⑧   ▸ S. 118, C 5
Die Steilküste zwischen Braderup und Munkmarsch – die Abhänge liegen bis zu 15 m über dem Meeresspiegel – verdankt ihren Namen dem hier besonders hellen Kaolinsand, dem Grundmaterial der Insel. Von hier genießt man den Blick über die gesamte Wattlandschaft – von der Keitumer Bucht bis nach List und bei guter Sicht sogar hinüber bis nach Dänemark.

ESSEN UND TRINKEN
Landgasthof Weißes Kliff
Behaglicher Gasthof • In diesem schmucken alten Kapitänshaus bietet Anne-Kathrin Bubbe Gastfreundschaft und solide norddeutsche Küche. Zimmer mit Frühstück oder Halbpension gibt es auch. M.-T.-Buchholzstig 9 • Tel. 4 30 08 • www.weisses-kliff.de • tgl. 11.30–14 und ab 17.30 Uhr, Mo geschl. • €€

EINKAUFEN
Körnerladen
▸ grüner reisen, S. 17

Manufaktur
▸ grüner reisen, S. 18

SERVICE
AUSKUNFT
Tourist-Information/ Zimmernachweis
▸ Wenningstedt, S. 64

Wer ambitionierten Kunsthandwerkern über die Schulter schauen möchte, sollte der Manufaktur (▸ S. 18) in Braderup einen Besuch abstatten.

Sylt-Ost Friesische Gemütlichkeit, Blumen-
pracht in gepflegten Gärten, freundliche Teestuben
und Vinotheken, Töpfereien und Kunsthandwerker –
das alles findet man in den Dörfern des Ostens.

◄ In Morsum (▶ S. 76) zeigt Sylt seine ursprünglichste Seite: friesisches Brauchtum und friesische Gemütlichkeit.

Der Norden

Westerland

Sylt-Ost

Der Süden

Die Dörfer im Osten der Insel präsentieren sich ruhig und eher beschaulich.

Das alte Seefahrerdorf **Archsum** hat nicht nur seinen stillen, bäuerlich-ländlichen Charakter bewahrt, es ist auch eine Fundgrube für Archäologie-Interessierte. Alte Kapitänshäuser, Kunsthandwerker, gemütliche Teestuben und interessante Boutiquen machen einen Bummel durch **Keitum**, das »grüne Herz der Insel«, zu einem Erlebnis. Das typisch friesische Dorf **Morsum**, vom Trubel relativ verschont, ist mit seinen Wattwiesen, mit Heide, Strand und Deich ein Paradies für Wanderfreunde. Die reizende Bucht des Ortes **Munkmarsch** mit dem kleinen Jachthafen – ehemals wichtiger Anleger für Westerländer Kurgäste – ist heute beliebtes Ziel für Surfer und Segler. In **Tinnum** schließlich sollte man sich nicht vom Gewerbegebiet erschrecken lassen, sondern gleich weiter in den immer noch beschaulichen Ortskern fahren. Die Distanz zum Strand macht den Ort zu einer günstigen Alternative zu den teureren Küstendörfern.

Archsum ▶ S. 119, D 7

400 Einwohner

In vorgeschichtlicher Zeit hatte Archsum die höchste Besiedlungsdichte aller Inselorte; das Ackerland galt als das fruchtbarste von Sylt. Heute ist Archsum – friesisch für »Heim des Arik« – das kleinste und stillste Dorf der Insel, und die Landwirtschaft ist noch immer gegenwärtiger als andernorts. Hier kann der Großstadtbewohner authentische »Ferien auf dem Bauernhof« erleben, durch die Archsumer Wattwiesen streifen und archäologische Entdeckungen machen. Die Wallanlage Archsumburg selbst wurde im 19. Jh. abgetragen. Seit 30 Jahren aber graben hier die Forscher der Universität Kiel; sie finden Zeugnisse aus der Steinzeit, Wohn- und Grabhügel der Bronzezeit, Hofplätze und Langhausreste aus dem ersten nachchristlichen Jahrtausend.

Das Bauern- und einstige Seefahrerdorf Archsum war bis zur Fertigstellung des Nössedeichs 1938 einer der hochwassergefährdetsten Orte der Insel Sylt – Sturmfluten überschwemmten häufig das ganze Dorf und forderten auch unter den Bewohnern zahlreiche Opfer.

SEHENSWERTES
Modjes Küül

»Großmütterchens Kuhle«, das etwa 4000 Jahre alte steinzeitliche **Hünengrab**, ist eines der vielen vor- und frühgeschichtlichen Zeugnisse, die in Archsum gefunden wurden. Über Uaster Reeg und Melnknop zum Deichweg, der direkt zum Nössedeich führt, auf dem Deich noch einige Hundert Meter Richtung Westen

Nössedeich

Erst nach der verheerenden Sturmflut von 1928 beschloss man die Eindeichung der östlichen Landzunge. 1938 war der Nössedeich in 230 000 Tagewerken endlich fertiggestellt – nicht hoch genug, wie sich herausstellte. Es kann als Wunder gelten, dass er bei der Flut im November 1981 nicht gebrochen ist. Mitte der Achtzigerjahre wurde er dann auf 7 m erhöht und auf mehr als 50 m verbreitert. Heute bietet er dem Ortsteil der Insel Sicherheit und einen wunderbaren Blick über Watt, Marsch und ferne Dünenketten.

ÜBERNACHTEN

Christian VIII

Herrliche Parkanlage • Die Parkresidenz bietet Suiten in drei verschiedenen Größen mit allem Komfort in zwei reetgedeckten Häusern. Integrierte Kitchenettes, exzellentes Frühstück, Schwimmbad, Sauna.
Dorfstraße/Heleeker • Tel. 9 70 70 • www.christianVIII.de • 12 Suiten • 🐾 • €€€

ESSEN UND TRINKEN

Alte Schule 🍴🍴

Schöne Sonnenterrasse • Ein gemütliches Gasthaus für die ganze Familie mit moderaten Preisen.
Dorfstr. 6 • Tel. 89 15 08 • www.alte schule-sylt.de • tgl. 12–14.30 und ab 17 Uhr, im Winter nur abends, Mi geschl. • €

SERVICE

AUSKUNFT

Kurverwaltung und Touristbüro (auch Zimmernachweis)

Dorfstr. 6 (im Haus »Alte Schule«) • Tel. 8 35 85 78 • www.archsum.de • tgl. 7–9.30, feiertags 10–14 Uhr

Keitum
▸ S. 118, C 7

1300 Einwohner
Ortsplan ▸ Klappe vorne

Die Fremdenverkehrslyriker nennen das schmucke Friesendorf Keitum überschwänglich-poetisch »das grüne Herz der Insel«. Da ist natürlich etwas dran – die hübschen Gärten, die bewachsenen Friesenwälle, die Schatten spendenden Bäume –, selbst das sanft abfallende Kliff, das den Ort im Norden begrenzt, heißt hier **Grünes Kliff** 🔸, es besteht nämlich aus festerer Erde als andernorts auf der Insel, und so konnte sich eine dichte Pflanzendecke festsetzen, die zudem besseren Schutz vor Sturmfluten bietet.

Bis vor hundert Jahren war Keitum der größte Ort der Insel, ihr administratives und wirtschaftliches Zentrum und bis 1870 auch der wichtigste Hafen. Viele Keitumer Häuser stammen aus dem »goldenen Zeitalter« des Dorfes, dem 18. Jh. Rund ein Fünftel der Bewohner fuhr damals zur See, und wer es zum Steuermann oder zum Kapitän gebracht hatte, baute sich folgerichtig sein Haus für den Ruhestand in Keitum, vorzugsweise mit ungehindertem Blick übers Watt. Dort stehen noch viele der über 200 Jahre alten **Kapitänshäuser**. Zwei der schönsten und besonders gut erhaltenen sind auch von innen zu besichtigen, das **Altfriesische Haus** und das **Sylter Heimatmuseum**. Wenn die Seefahrer und Walfänger der See Lebewohl gesagt hatten, steckten sie Material und Energie in die Ausstattung ihrer Häuser – eine Investition, für die viele Keitumer Gäste, die es sich in den hübsch gekachelten Friesenstuben wohl sein lassen, noch heute überaus dankbar sind.

Die Anziehungskraft von Keitum besteht wohl darin, dass hier alles intimer ist, man verirrt sich gern (und oft) im Labyrinth der gewundenen Straßen, bummelt durch die schicken Boutiquen ebenso wie durch die Werkstätten der Töpfer, Goldschmiede und Glasbläser.

SEHENSWERTES

Friedhof   ▸ Klappe vorne, b 1

Der Friedhof von St. Severin ist der schönste und geschichtsträchtigste der Insel. Alte Grabsteine erzählen ausführlich, wie die Kapitäne und Walfänger gelebt haben. So entstand eine anschauliche Familienchronik der altfriesischen Bevölkerung. Auch prominente Inselbewohner sind hier begraben – der Sylt-Pionier Ferdinand Avenarius, der Verleger Peter Suhrkamp, die Schauspielerin Clara Tiedemann und »Spiegel«-Gründer Rudolf Augstein.

Harhoog und Tipkenhoog
▸ Klappe vorne, südöstl. c 3

Die zwei eindrucksvollen vorgeschichtlichen Großsteingräber liegen am südlichen Ortsrand, nicht weit vom ehemaligen Schwimmbad, malerisch über dem Watt. Der steinzeitliche Harhoog stand früher auf dem Gebiet des heutigen Flughafens und wurde hierher zwangsumgesiedelt, zu dem größeren Tipkenhoog aus der Bronzezeit, benannt nach dem Riesen Tipke, der hier Wache hielt. Im Zweiten Weltkrieg wurde das Hünengrab als Flakstation zweckentfremdet.

St. Severin 8   ▸ Klappe vorne, b 1

Wahrscheinlich ist der romanische Bau im 12. Jh. entstanden; im 15. Jh. kam der Turm hinzu, der lange Zeit als Orientierungspunkt für die Schifffahrt und bis 1806 obendrein als Gefängnis fungierte. Bemerkens-

Die steinzeitlichen Hünengräber über dem Watt – Harhoog und Tipkenhoog (▸ S. 69) – lohnen den Besuch nicht nur für Archäologie-Interessierte.

wert an der – »gleich einem fahrenden Schiff« – dreigliedrigen Kirche sind die ca. 800 Jahre alte Taufstein, der spätgotische Schnitzaltar, die Kanzel aus der Frührenaissance und die beiden Findlinge Ing und Dung in der Westfront des Turmes. Im Jahr 2009 wurde die Kirche umfassend saniert.

Zu den Orgelkonzerten des Organisten Alexander Ivanov kommen Musikliebhaber von weither; die neue Orgel, in der Tradition der süddeutschen und sächsischen Orgelbauer des 18. und 19. Jh. gebaut, ist ein Meisterstück. Und der ehemalige Pastor Traugott Giesen hat seine evangelisch-lutherische Kirche zu einer echten Begegnungsstätte zwischen Inselbewohnern und Gästen gemacht. Seine Nachfolger, die Pastorin Susanne Zinke und das Pastorenehepaar Reimann, setzen seine Arbeit mit regelmäßigen Veranstaltungen, Gesprächskreisen und Gastpredigten fort.

Bei Nacht wird das Bauwerk, das auf dem höchsten Punkt des Sylter Geestkerns liegt, fantastisch beleuchtet.

Kirchenweg • Tel. 3 17 13 • Kirchenführungen Mo–Fr 10 Uhr, Gottesdienst So 10 Uhr, anschließend oft Gesprächsrunde im Pastorat (Pröstwai 20)

WUSSTEN SIE, DASS…

… die Keitumer Kirche auf einem alten heidnischen Kultplatz, der heiligen Stätte der Göttin Freya, steht? Wahrscheinlich stammt ein Teil des Sockels, der später bearbeitet wurde, noch aus diesem Heiligtum.

MUSEEN

Altfriesisches Haus 9 ŸŸ
▸ Klappe vorne, c 2

In diesem 1739 erbauten Friesenhaus lebte der große Chronist Sylts, Christian Peter Hansen (1803–1879), der das Gebäude 1850 kaufte und dessen heimatkundliche Sammlung von prähistorischen Funden, kunsthandwerklichen Arbeiten, Gebrauchsgegenständen und Schmuck auch den Grundstock für das heutige eindrucksvolle Museum bildet. Von unten bis oben ist das Haus im Stil der Wende vom 18. zum 19. Jh. möbliert und gibt so einen plastischen Eindruck von der altfriesischen Wohnkultur: vom Hausrat in der Küche über den Dreschflegel im Flur bis zum Feuerlöscheimer, der damals zwangsläufig zu jedem Gebäude gehörte.

Am Kliff 13 • Tel. 3 11 01 • April–Okt. Mo–Fr 10–17, Sa, So und feiertags 11–17, im Winter Di–Fr 13–16 Uhr • Führungen: Tel. 3 11 01 • Eintritt 2,50 €, Kinder 1,25 €

Sylter Heimatmuseum 9 ŸŸ
▸ Klappe vorne, c 2

Erbaut wurde das reetgedeckte Haus 1759 vom Großvater des Sylter Nationalhelden Uwe Jens Lornsen (1793–1838), einem überzeugten Demokraten, der 1830 für zehn Tage Landvogt von Sylt war. Danach wurde er verhaftet, weil er in seiner Broschüre »Über das Verfassungswerk in Schleswig-Holstein« für größere Unabhängigkeit der Herzogtümer von der dänischen Krone plädiert hatte. Ihm ist im Heimatmuseum eine kleine Ausstellung gewidmet. Außerdem sind hier anschauliche Materialien zur Vor- und Erdgeschichte der Insel zusammengetra-

Die »gute Stube« im Altfriesischen Haus (▸ S. 70) in Keitum vermittelt einen ausgezeichneten Eindruck der Wohnkultur des 18. und 19. Jahrhunderts.

gen, u. a. prähistorische und frühgeschichtliche Funde aus dem Morsumer Kliff, aber auch zur Geschichte der Seefahrt und des Walfangs. Trachten, Münzen, Seekarten und Hausrat ergänzen die Sammlung.
Am Kliff 19 • Tel. 3 16 69 • April–Okt. Mo–Fr 10–17, Sa, So und feiertags 11–17, im Winter Di–Fr 13–16 Uhr, 8.–31. Jan. geschl., Führungen: Tel. 3 16 69 • Eintritt 2,50 €, Kinder 1,25 €

SPAZIERGANG

Ortsplan ▸ Klappe vorne
Für einen ersten Eindruck geht man von der **Kirche** St. Severin aus auf den Ort zu, von der Geest hinunter in die Marsch. Der Weg führt über den **Kirchenweg** und dann über die **C.P.-Hansen-Allee** zur Arena (ausgeschildert) und am **Kliff** entlang wieder zurück.
Dauer: 1 Std.

ÜBERNACHTEN

Aarnhoog
▸ Klappe vorne, c 3

Charmant • Eines der kleinen Luxushotels im Landhausstil. Teestube, gemütliche Hotelbar, großer Wellnessbereich.
Gaat 13 • Tel. 39 90 • www.aarnhoog. de • 12 Suiten • ♿ • 🐾 • €€€€

Benen-Diken-Hof
▸ Klappe vorne, b 3

Für Anspruchsvolle • Wunderschönes Anwesen auf 15 000 qm. Individuell gestaltete Wohneinheiten. Das Frühstück ist weithin berühmt, im erstklassigen Abendrestaurant kann man entspannt genießen. Großes Wellnessareal mit Moor-Spa-Bereich der Spitzenklasse, Kosmetik und Massagen.
Süderstr. 3–5 • Tel. 9 38 30 • www. benen-diken-hof.de • 40 Zimmer, Junior-Suiten, Studios und Apartments • 🐾 • €€€€

Seiler Hof   ▸ Klappe vorne, b 2

Weitläufiger Garten • Früher Seiler-
werkstatt, heute eines der renom-
miertesten Hotels. Schöner Garten
mit altem Baumbestand.
Gurtstig 7 • Tel. 9 33 40 • www.seiler
hofsylt.de • 11 Zimmer • €€€€

Café Kamp's   ▸ Klappe vorne, c 3

Hell und freundlich • Hotel, Café,
Galerie am östlichen Ortsausgang.
Berühmt sind die selbst gebackenen
Blechkuchen.
Gurtstig 41 • Tel. 9 83 90 •
www.kamps-sylt.de • 7 Zimmer,
3 Apartments • 🐾 • €€€

Wittenbrink's   ▸ Klappe vorne, c 3

Erholung pur • Exklusives Apartment-Hotel mit Weitblick aufs Watt.
Zwei Apartments mit Privatsauna.
Osterweg 8 • Tel. 8 36 37 90 •
www.wittenbrinks.de • 5 Apartments •
€€€

ESSEN UND TRINKEN

Alte Friesenwirtschaft
                      ▸ Klappe vorne, b 2

Denkmalgeschützt • In dem schönen Friesenhaus betreibt Jürgen
Wolff jetzt zwei Restaurants. Im vor-
deren Teil isst man nach wie vor regionale Spezialitäten, und im hinte-
ren, dem Da Lupo, wird italienisch
aufgetischt, mit Pizza und Pasta und
italienischen Weinen, nachmittags
kleine Karte, Kaffee und Kuchen.
Gurtstig 32 • Tel. 37 04 •
tgl. 12–22 Uhr • €€€

ess.zimmer   ▸ Klappe vorne, b 2

Klein, aber fein • Für seine Gäste
stellt Küchenchef Richard Kahl – bei
schönem Wetter auch auf der Terrasse – Vier-Gänge-Menüs zusammen, serviert aber auch einzelne
Gerichte wie Rouladen oder Fish &
Chips, aus hochwertigen Produkten
liebevoll zubereitet. Auf der an-

So edel wie das Hotel Benen-Diken-Hof (▸ S. 71) präsentiert sich auch sein Restaurant, die »Kökken«. Hier speisen vor allem Hausgäste – in aller Ruhe.

spruchsvollen Weinkarte stehen neben edlen Tropfen natürlich auch offene Weine.
Gurtstig 2 • Tel. 3 18 84 • www.esszimmer-sylt.de • tgl. ab 18 Uhr, im Sommer auch mittags • €€€

Fisch-Fiete ▸ Klappe vorne, c 2
Keitumer Institution • Ob gedämpfter Steinbutt, gebratene Dorade oder kleine Seezungen mit dem unnachahmlichen Kartoffelsalat – seit Jahrzehnten ist dieses Restaurant der Inselklassiker für alles, was aus dem Meer kommt. Nebenan gibt es ein sehr angenehmes Bistro, das kleine Leckereien serviert.
Weidemannweg 3 • Tel. 8 89 89 29 • www.fisch-fiete.de • tgl. 12–15 und 18–24 Uhr • €€€

Restaurant Karsten Wulff
▸ Klappe vorne, c 2
Ausgezeichnet • Im alten Café Kliffs Ruh widmet sich der Sylter einer hervorragenden deutschen Küche und hat schon viel Gastro-Kritikerlob bekommen. Viel Fisch, aber auch fabelhafte Wildente. Gemütliche Gaststuben, auch für Kinder wird gut gesorgt.
Museumsweg 4 • Tel. 3 03 00 • www.karsten-wulff.de • tgl. ab 12 Uhr, Mo geschl. • €€€

Nielsens Kaffeegarten
▸ Klappe vorne, c 2
Hoch auf dem Grünen Kliff • Der klassische Tagestreff, große Terrasse, Traumblick übers Watt. Favorit ist das Zitronenomelette.
Am Kliff 5 • Tel. 3 16 80 • www.nielsens-kaffeegarten-sylt.de • Mitte Feb.–Nov. und zur Jahreswende tgl. 7–18 Uhr, außerhalb der Saison Di geschl. • €€

Sünhair-BistroRant
▸ Klappe vorne, b 2
Lockere Atmosphäre • Hier kann man zu Bier und Wein auch mal nur eine Kleinigkeit essen.
Erich-Johannsen-Wai 2 • Tel. 93 54 50 • www.suenhair.de • tgl. ab 15, Sa ab 17 Uhr • €€

Kleine Teestube ▸ Klappe vorne, b 2
Beliebter Treffpunkt • In urgemütlicher Umgebung gibt es viele Sorten Tee, hausgemachte Waffeln, köstliche Kuchen und kleine Gerichte.
Weesterhörn 2 • Tel. 3 18 62 • tgl. 10–19, im Winter tgl. 10–18 Uhr, dann Do geschl., Mitte Jan.–20. Feb. geschl. • €

EINKAUFEN
Antje Ballauf ▸ Klappe vorne, b 2
Die Goldschmiedemeisterin fertigt Treibarbeiten in Gold und Silber, kombiniert Edelmetalle auch originell mit Glas und Emaille.
Kirchenweg 4

Birgit Wieda ▸ Klappe vorne, b 2
Die Schmuckstücke der Sylterin fallen durch edle Materialien und edles Design auf.
Gurtstig 26

Brigitte Bojahr Schmuck
▸ Klappe vorne, b 2
Die Schmuckliebhaberin ist auf wenige, besondere Designer spezialisiert. Neben eigenwilligen Kreationen gibt es moderne Klassik, neben edlen und natürlich teuren Stücken auch witzige für nur einen Sommer.
Gurtstig 17

Bücherdeele ▸ Klappe vorne, b 2
Astrid Manthey betreibt eine kleine, anspruchsvolle Buchhandlung mit

Schwerpunkt Belletristik. Die Bücher sind übersichtlich präsentiert, und die Beratung ist gut, aber nicht aufdringlich.
Gurtstig 12

Büchertruhe ▸ Klappe vorne, c 2

Das Ehepaar Schwarz führt eine literarisch anspruchsvolle, gut sortierte Buchhandlung und – verbunden durch einen schmalen Gang – die künstlerisch ebenso anspruchsvolle Galerie **Alte Mühle**.
Am Tipkenhoog

Das Friesische Käselädchen

▸ grüner reisen, S. 17

Galerie Cornelia Kamp

▸ Klappe vorne, c 2

Cornelia Kamp betreibt ein kleines Hotel, Café und Galerie unter einem Dach. Sie veranstaltet gut durchdachte Ausstellungen, lädt auch gerne Autoren ein und lockt ein wachsendes Publikum an.
Gurtstig 41 • Tel. 9 83 90 •
www.kamps-sylt.de

Glashaus ▸ Klappe vorne, b 3

Hans-Jürgen Westphals Galerie ist zugleich Werkstatt, und er gestattet den Besuchern Transparenz bei seiner Arbeit. Der Künstler gestaltet fantasievolle Kunstwerke aus Glas, auch wunderbaren Schmuck.
Im Bahnhof Keitum

Gold- und Silberwerkstatt

▸ Klappe vorne, b 2

Neben klassischen Schmuckstücken aus Gold und Silber mit ausgesuchten Edelsteinen macht Christoph Freier auch wunderschöne Mondlichtkalender im Posterformat.
E. Johannsen-Wai 1

Handweberei ▸ Klappe vorne, b 2

Silke Wessel arbeitet mit vielen Materialien und Farben. Besonders schön: pastellfarbene Schals oder Tücher.
E. Johannsen-Wai 1

Hüs bi Hüs ▸ Klappe vorne, b 2

Trotz des urfriesischen Namens ist das Designangebot in diesem verwinkelten Friesenhaus international, auch asiatisch; elegante und witzige Ideen für Haus und Garten.
C.-P.-Hansen-Allee 3

Jens Mylin ▸ Klappe vorne, c 2

Das Angebot ist groß: alte Kachelöfen, die auf Wunsch im Heimatort des Käufers wieder aufgebaut werden. Fliesen aus fünf Jahrhunderten, verschiedene Antiquitäten, vor allem schöne Gläser.
C.-P.-Hansen-Allee 10a

Kleiner Teeladen

▸ Klappe vorne, c 2

Neben vielen Teesorten gibt es in diesem gut sortierten Geschäft auch anspruchsvolle Geschenkartikel für die Daheimgebliebenen.
Gurtstig 44

Schmuckdesign ▸ Klappe vorne, c 3

Alle Stücke von Birgit Damer sind handgefertigte Unikate. Die Künstlerin fertigt Schmuck auch auf Wunsch; mehrmals im Jahr bietet sie Goldschmiedekurse an.
Mühlenweg 1 • Tel. 8 36 40 50

Die Töpferei ▸ Klappe vorne, c 2

Im Haus von Regine Skoluda mit schönem großen Garten kann man auch seine Ferien verbringen und versuchen, ähnlich fantasievolle Stücke zu formen wie die Töpferin.

Herrlich heimelig: Die Kleine Teestube (▸ S. 73) ist für viele Gäste eine Art zweites Wohnzimmer. Auch im Garten schmecken Friesentee und Kuchen vorzüglich.

Gaat 6 • Tel. 3 15 87 •
www.ferien-im-toepferhaus.de

Witthüs Töpferei
▸ Klappe vorne, c 2

Fantasiereich getöpferter Schmuck steht hier neben Tellern, Bechern, Stövchen und Vasen. Auffallend sind die schönen Glasuren.
Am Kliff 59 • www.witthues-keitum.de

AM ABEND
Pius
▸ Klappe vorne, c 2

In der alten Kliff-Klause hat Pius Regli, der Wirt des Kampener Manne Pahl, eine Weinwirtschaft eröffnet. Zu den erlesenen Tropfen kann man Kleinigkeiten verzehren. Eine Auswahl an Zigarren und belgischer Schokolade gibt es zum Mitnehmen, und der Wein kann natürlich auch geliefert werden.
Am Kliff 5 • Tel. 8 89 14 38 •
www.pius-weine.de • tgl. ab 15 Uhr

Salon 1900
▸ Klappe vorne, b/c 3

Seit Jahrzehnten eine erfolgreiche Mischung aus Kneipe und Disco. Süderstr. 40 • Tel. 93 60 00 •
www.salon1900.de • tgl. 18–2 Uhr, Jan.–Mitte Feb. geschl.

SERVICE
AUSKUNFT
Touristbüro
▸ Klappe vorne, c 2

Derzeit auf dem Parkplatz am Dorfeingang in einem Container.
Tel. 33 70 • www.sylter-friesen doerfer.de • Mo–Fr 9–12 und 14–17, Mitte Mai–Mitte Okt. auch Sa und So 10–14 Uhr

FAHRRADVERLEIH
Christel's
▸ Klappe vorne, b 2

Gurtstig 24 • Tel. 3 27 97

Der Fahrradladen
▸ Klappe vorne, b 2

Gurtstig 44 • Tel. 3 28 79

Morsum
▸ S. 119, E 7

1200 Einwohner
Ortsplan ▸ S. 76

Nirgends sonst auf Sylt ist der Abstand zu den Turbulenzen und Umtrieben des Strandbetriebs an der Westküste so groß wie in Morsum, dem ersten Ort nach dem Hindenburgdamm. Das gilt nicht nur für die Geografie. Hier wird noch am meisten Söl'ring, das Sylter Friesisch, gesprochen, und hier blieb die klassische Form der friesischen Streusiedlung am besten erhalten – im Süden des Dorfes, wo die Fluten im Laufe der Jahrhunderte ihr Salz abgelagert und weite Marschen geschaffen haben, stehen die Bauernhöfe, jeder ein großes Stück vom nächsten entfernt, auf erhöhten Warften. Wenn die Sturmflut vor dem Bau des Deichs das Land überschwemmte, standen die Gehöfte wie Inseln im Wasser.

An drei Seiten ist die östliche Nase der Insel (»Nösse«) von Watt umgeben; hier kann man sich jeden Tag ein anderes Wanderziel vornehmen: durch Felder und Wattwiesen oder Heideflächen und kleine Gehölze, auf dem Deich und am Ufer zum Hindenburgdamm an der Ostspitze. Heute leben etwa 1200 Menschen in den Ortsteilen Groß- und Klein-Morsum, Schellinghörn, Osterende und Wall; dieses große Gebiet ist wahrscheinlich schon seit der Steinzeit ständig besiedelt.

Bis zum Ende des 17. Jh. war Morsum der größte Ort der Insel. Überall stößt man auf die Spuren der Vergangenheit, frühzeitliche Grabanlagen findet man vor allem zwischen den Straßen Nösistig und Hiir.

SEHENSWERTES

Morsum-Kliff ⭐
▸ S. 119, F 7

Bis zu 21 m ragt das Kliff als Steilküste auf, seine Länge beträgt fast 2 km. Diese gelegentlich auch »Buntes Kliff« genannte Formation, 10 Mio. Jahre alt, ist eines der wichtigsten geologischen Denkmäler Deutschlands. Im Tertiär hatten sich drei Schichten säuberlich, fast waagerecht übereinander abgelagert:

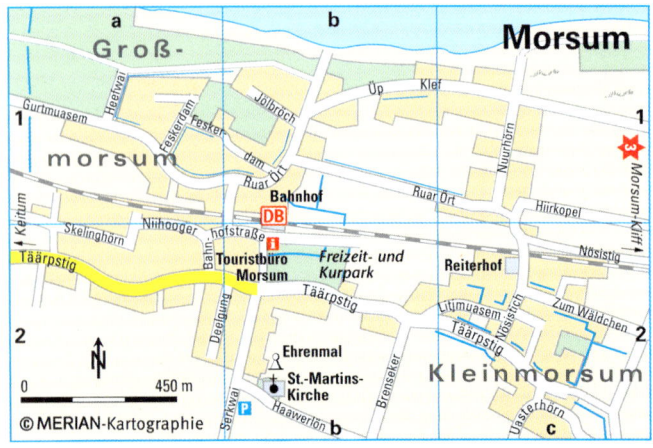

der blauschwarze Glimmerton (etwa 10 Mio. Jahre alt), darüber der rostfarbene Limonitsandstein (über 8 Mio. Jahre) und als oberste Schicht der weiße Kaolinsand (2 bis 7 Mio. Jahre). In der Eiszeit, vor mehr als hunderttausend Jahren, haben gewaltige Gletscher diese Schichtungen zusammengestaucht und sie übereinander schräg gestellt.

So bietet sich heute nicht nur dem geologisch versierten Besucher ein faszinierendes Naturschauspiel. Das Gebiet wurde, als eines der ersten in Deutschland, bereits 1923 unter Naturschutz gestellt.

Zum Naturschutzgebiet Morsum-Kliff gehört auch die abwechslungsreiche Dünen- und Heidelandschaft, die botanische Raritäten wie Zwergbirke, Sonnentau und Ährenlilie bietet. Schließlich finden sich hier noch vorzeitliche Grabhügel, vor allem Munkhoog, Markmannshoog und im Westen die einzige erhaltene Hügelgruppe aus der Wikingerzeit.

Spaziergänge zu jeder Tageszeit, aber vor allem zum Sonnenuntergang über dem Wattenmeer werden zu Erlebnissen, die man sicher oft wiederholen möchte.

Mo, Mi und Fr Führungen um 11 Uhr ab Parkplatz Nösse

Muasem-Hüs ▸ S. 76, a 2

Das moderne Haus ist für die Morsumer und ihre Gäste sehr wichtig. Es ist nämlich ein Gemeindehaus im besten Sinne. Hier treffen sich Einheimische und Gäste zu Festen und Märkten, zu Literatur- und Musikveranstaltungen, zu Kunstausstellungen und um einfach nur etwas bei der Gemeinde oder im Touristbüro zu erledigen.

Bahnhofstraße

St. Martin ▸ S. 76, b 2

Die romanische Kirche ist etwa genauso alt wie St. Severin (▸ S. 69), also 800 Jahre. Auch die Form des eindrucksvollen dreischiffigen Baus aus Granit und Feldsteinen ist ähnlich, nur wurde bei St. Martin nie ein Glockenturm angebaut, der steht als hölzerner Glockenstapel separat, ein paar Schritte entfernt. Sehenswert sind der romanische Taufstein, der holzgeschnitzte Flügelaltar aus dem 16. Jh. und die Kanzel mit Schnitzmotiven aus dem Leben Jesu. Die Gedenktafel über dem Chorbogen erinnert an den Dreißigjährigen Krieg, der den Umbau in eine Wehrkirche erforderlich machte.

Auch hier steht die Orgel im Mittelpunkt; im Sommer werden regelmäßig Konzerte veranstaltet.

Haawerlön • Tel. 89 02 25 •
Gottesdienst jeden So um 10 Uhr,
Do um 17 Uhr Kirchenführung

ÜBERNACHTEN

Morsum Kliff ▸ S. 76, c 2

Elegant • Mitten im Naturschutzgebiet und schon vom Zug aus zu sehen liegt das Hotel-Restaurant-Café. Die großzügigen Hotelzimmer sind unterm Dach, im Gastronomiebereich werden viele regionale und unprätentiöse Gerichte serviert. Vom Frühstück – bis 17 Uhr – bis zum Abendessen, zu dem der Küchenchef nicht nur heimische Produkte, sondern ebenso mediterrane Köstlichkeiten anbietet, gibt es neben den feinen Speisen eine große Auswahl an Weinen, auch Raritäten. Besondere Gourmet-Wünsche der Gäste werden gern erfüllt.

Nösistig 13 • Tel. 83 63 20 •
www.hotel-morsum-kliff.de • 8 Zimmer, 2 Juniorsuiten • 🐾 • €€€

Die größte Sehenswürdigkeit der Ostdörfer ist die geologisch hochinteressante Abbruchkante Morsum-Kliff (▶ S. 76). Sie formierte sich vor Jahrmillionen.

ESSEN UND TRINKEN

Fränkische Weinstube ▶ S. 76, a 2

Ein Stück Franken • Wild ist hier die Spezialität, aber es gibt auch Fränkisches wie Nürnberger Rostbratwürstl auf Sauerkraut und andere Schmankerl. Gerühmt wird »Uromas Zwetschgenkuchen«.
Täärpstig 87 • Tel. 89 04 40 • www.fraenkische-weinstuben-morsum.de • Ostern–Mitte Nov. und zur Jahreswende tgl. ab 12 Uhr (warme Küche 12–14 und 18–22 Uhr), Di geschl. • €€€

Bistro Drei Hasen ▶ S. 76, b 2

Ambitionierte Frische-Küche • Tagsüber Einkehr für Radler und Wanderer, abends romantisch bei Kerzenlicht. Schön sitzt es sich auf der windgeschützten Terrasse mit Blick über die Felder.
Täärpstig 78 • Tel. 8 89 18 51 • tgl. ab 11 Uhr (Küche ab 12 Uhr), Mo geschl. • €€

Café Ingwersen ▶ S. 76, b 2

Mit Tradition • Für die große Schar der Fans ist Jürgen Ingwersen Lieb-

lingsbäcker der Insel (Filialen in vielen Orten). Im Café kommen Zwiebelkuchen und Torten direkt aus der Backstube. Dazu schmeckt heiße Schokolade, Pharisäer, Tee oder Sylter Welle.
Täärpstig 76 • Tel. 89 02 35 • www. sylter-backkultur.com • tgl. 9–19 Uhr, im Winter Mi nachmittags geschl. • €

EINKAUFEN
Friesland-Strandkörbe ▸ S. 76, b 2
Wer seinen eigenen Strandkorb (für Sylt oder zum Versand) haben möchte – Rudi Schardt bietet eine große Auswahl, vom ganz einfachen Kunststoffkorb bis zum Dreisitzer aus Naturrohr. Auch die individuelle Anfertigung von Strandkörben ist möglich.
Am Bahnhof • Tel. 89 13 21 • www.friesland-sylt.de

Gold und Silber Werkstatt
▸ S. 76, westl. a 2
Edda Raspé präsentiert Schmuck nach eigenen Entwürfen.
Täärpstig 15

Hof Galerie ▸ S. 76, b 2
Die Galerie verfügt über ein kunterbuntes Angebot – vom 16. Jh. bis zu den Likörellen von Udo Lindenberg.
Serkwai 1

SERVICE
AUSKUNFT
Touristbüro Morsum ▸ S. 76, b 2
Bahnhofstr. 17 • Tel. 89 07 32 • www.sylt-ost.de

Munkmarsch ▸ S. 118, C 6
200 Einwohner
Heute gilt noch immer, was von jeher zutraf: Der kleine Ort Munkmarsch lebt von seinem Hafen. Als

1868 der bis dahin vorherrschende Keitumer Hafen versandete, begriff ein schlauer Kapitän die Gunst der Stunde und baute in Munkmarsch eine Mole, die den klangvollen Namen Legatsbrücke bekam, und das prächtige **Fährhaus**, das heute wieder, wunderschön renoviert, im alten Glanz erstrahlt. Mit Raddampfern kamen hier alle Kurgäste an, mit Pferdefuhrwerken wurden sie dann quer über die Insel in den damals einzigen Badeort Westerland geschafft.
Bald wurden es so viele, dass der Bau des »Insel-Express« nötig wurde. In knapp zwei Monaten war die 4,2 km lange Strecke fertiggestellt, gerade rechtzeitig zum Saisonstart. Der erste Zug konnte von Munkmarsch nach Westerland dampfen, die beiden Lokomotiven hießen »Präsident von Maybach« und »Herzog Maximilian von Württemberg«, liebevoll »May« und »Max« genannt. Ihre eindrucksvoll bimmelnden Glocken erfüllten vor allem den Zweck, die Schafherden von den Gleisen zu vertreiben.
Die Fahrt mit dem Zug nach Westerland dauerte etwa zwölf Minuten und kostete für Mensch und Vieh gleichermaßen 1 Mark. Bald wurde das Streckennetz ausgebaut, die Züge verbanden Westerland nun mit List im Norden und mit Hörnum im Süden.
Inzwischen hat der Hindenburgdamm den Hafen Munkmarsch überflüssig gemacht, durch Schlick und Sand ist er außerdem schon längst unschiffbar geworden. Dafür finden geschickte Segler und Surfer in der malerischen Bucht jetzt ihr Paradies auf dem Wasser: Der Wind bläst hier nicht allzu stark, die Wel-

Feinschmeckeroase in prachtvoll restaurierter Bäderarchitektur: Das Fährhaus
(▶ S. 80) am Hafen in Munkmarsch bezaubert in jeder Hinsicht.

len sind meist sanft, und so ist das Revier auch für Anfänger ideal und nicht nur etwas für Könner.

ÜBERNACHTEN
Fährhaus Munkmarsch

Behutsam renoviert • An das historische Fährhaus ist ein Luxushotel angebaut worden. Zimmer und Suiten sind mit allem erdenklichen Komfort ausgestattet und gewähren einen herrlichen Blick zum Jachthafen und aufs Wattenmeer. Großzügiger Wellnessbereich, vielseitige Beauty-Anwendungen. Gegessen, auch gefrühstückt, wird im Sterne-Restaurant.
Heefwai 1 • Tel. 9 39 70 •
www.faehrhaus-sylt.de • 39 Zimmer
und 6 Suiten • 🐾 • €€€€

Strandhörn Golfhouse

Panoramablick • Strandhörns (▶ S. 61) Schwesterhotel zwischen Golfplatz und Watt auf großem Heide-grundstück. Dreizimmersuiten mit allem Komfort. Sauna, Fitnessstudio, Massagen. Roomservice-Frühstück.
Munkhoog 53 • Tel. 9 45 00 •
www.strandhoern.de • €€€

ESSEN UND TRINKEN
Restaurant Fährhaus

Ausgezeichnete Menüs • Das elegante Gourmetrestaurant bietet internationale Küche und den Blick aufs Wattenmeer, die Käp'n Sellmer Stube eher norddeutsche Gerichte in gemütlichem friesischen Ambiente. Nachmittags Kaffee und Kuchen. Im Sommer kann man auch auf der Terrasse, mit Blick auf den Jachthafen, essen oder zumindest seinen Aperitif trinken. In der angeschlossenen Vinothek, als Pesel (friesisch für »gute Stube«) eingerichtet, stehen Hunderte Weine und Schaumweine zum Probieren bereit.

Heefwai 1 • Tel. 9 39 70 • www.faehr
haus-sylt.de • tgl. 11.30–24 Uhr,
1. Nov.–30. April Mo geschl. • €€€€

Zur Mühle

Direkt am Wattenmeer • Das Restaurant bietet Deftiges der gehobenen deutschen Küche. Nachmittags
Kaffeetafel.
Lochterbarig 24 • Tel. 38 77 •
tgl. 11–24 Uhr, Di geschl. • €€

EINKAUFEN

Marschentöpferei

Hier werden Tonwaren ausschließlich in Handarbeit hergestellt: Töpfe
für den Garten, schöne Fliesen, auch
traditionell bemalte Fayencefliesen
und sogar Schmuckurnen.
Munkhoog 47 • Tel. 93 53 34 •
www.marschentoepferei.de

Tinnum   ▶ S. 118, B 7

2500 Einwohner

Obwohl Westerland und Tinnum
inzwischen fast zusammengewach-
sen sind, hat der Ortskern von Tinnum seinen ländlich-bäuerlichen
Charakter bewahrt. Hier hatten früher die Großbauern ihren Sitz, hier
standen betriebsame Mühlen.
Auch heute geht es in Tinnum, vor
allem im Vergleich zu Westerland,
beschaulich zu. Hier wohnen viele
Sylter und Zugereiste, die in den
schillernden Inselorten in der Gastronomie und den Hotels arbeiten.
Zum Strand kann man zwar nicht zu
Fuß gehen, aber nach Westerland
sind es nur wenige Kilometer, und
die sind gut mit dem Fahrrad oder
mit dem Bus zu bewältigen. Ebenso
schnell ist man in Keitum. Der Weg
durch die Wiesen ist besonders
schön. Und selbstverständlich kann
man auch in Tinnum ganz ungestört

spazieren gehen. Ein Gang auf dem
Deich, mit herrlich weitem Blick
auf Wattenmeer, Rantumer Dünen,
Rantumbecken, mit den Sandinseln
östlich davon, und natürlich auf die
Metropole Westerland ist immer ein
Erlebnis.
Die Tinnumer haben niemals ausschließlich vom Fremdenverkehr
gelebt. Ihre äußerst ertragreichen
Marschen im Süden brachten Geld
ein, ebenso wie die Tuche von her-
vorragender Qualität, die sie aus der
Wolle ihrer Schafe herstellten. Und
noch immer blüht der Handel hier
mit allem, was der Mensch zum Leben braucht. Es gibt diverse Supermärkte, Discounter, Einrichtungs-
häuser, ein Autohaus, Wäschereien,
ein Geschäft für Tierbedarf etc.

SEHENSWERTES

Alte Landvogtei

Das zweitälteste erhaltene Haus von
Sylt stammt aus dem Jahre 1649.
Zur Zeit der dänischen Herrschaft
war es der Sitz des höchsten Beam-
ten der Insel, und 1825 stieg Dänenkönig Friedrich VI. höchstpersön-
lich hier ab.
Kampende

Tinnumburg   ▶ S. 118, B 7

Ursprünglich hatte Sylt drei Ring-
wallanlagen. Die Archsumburg wurde im 19. Jh. abgetragen, die Ran-
tumburg ist verschüttet, zu besichtigen ist ausschließlich die elliptische
Tinnumburg, die ursprünglich den
Wikingern des 9. Jh. zugeschrieben
wurde. Neuere Forschungen haben jedoch ergeben, dass die Wallanlage rund zweitausend Jahre alt
ist, also aus der römischen Kaiserzeit
stammt.
Zugang über den Borigwai

Wild- und Vogelparadies Tierpark Tinnum 👫

In einer künstlich angelegten Landschaft leben hier viele einheimische und fremdländische Tiere. Bunt gefiederte Papageien existieren neben Uhus, Nandus stehen bei Flamingos, und Steppenadler ziehen darüber ihre Runden. Selbstverständlich gibt es auch Rehe, Esel und Störche, und im Sommer sind die niedlichen Tierkinder zu bestaunen. Füttern und Streicheln ist erlaubt. Auf dem Gewässer kann man Tretboot fahren und auf dem Spielplatz toben. Ringweg 100 • Tel. 3 26 01 • www. syltmail.de/tierpark_tinnum • Mai–Okt. tgl. 10–19 Uhr • Eintritt 12 €, Kinder 6 €

ÜBERNACHTEN
Landhaus Stricker

Stilvoll • Das Hotel im Landhausstil mit Spa und drei edel ausgestatteten Restaurants – Bodendorf's, Restaurant Stricker und Kaminzimmer – liegt in einem schön angelegten Park. Liebevoll eingerichtete Zimmer und Suiten mit Balkon oder Terrasse. Großer Wellnessbereich, Beautycenter und Fitnessgeräte. Auch Spezialarrangements sind möglich. Boy-Nielsen-Str. 10 • Tel. 8 89 90 • www.landhaus-stricker.de • ganzjährig geöffnet • 38 Zimmer und Suiten • ♿ • ✈ • €€€€

Christiansen

Familiäre Atmosphäre • Das Äußere des Hotel garni ist eher unscheinbar, aber die Zimmer sind komfortabel. Es gibt Sauna, Solarium und Liegewiese. Zur Eiche 32–34 • Tel. 93 00 • www. hotelsylt.de • 21 Zimmer • ✈ • €€

ESSEN UND TRINKEN
Bodendorf's

Hervorragende Weinkarte • Exklusive Küche mit mediterranem Einschlag vom Sternekoch. Boy-Nielsen-Str. 10 • Tel. 8 89 90 • www.landhaus-stricker.de • tgl. ab 11 Uhr • €€€

Blum's

Frisch aus dem Meer • Hier kann man in Ruhe einkaufen und frisch zubereitete Fischspezialitäten verzehren. Mittelweg 7 • Tel. 34 01 • tgl. 8–18 Uhr, in der Saison auch länger, So und feiertags 11–18 Uhr • €

Janke's

▶ MERIAN-Tipp, S. 15

Lille Kamp

Gemütlich • Grill- und Pfannengerichte in großen Portionen. Weesterstig 1 • Tel. 2 44 52 • www. lille-kamp.de • tgl. 17.30–24 Uhr, in der Nebensaison Mo geschl. • €

Zur Eiche

Donnerstag ist Spareribs-Tag • Stammlokal vieler Einheimischer; an Tagen wie dem Biike-Brennen ist hier eines der Zentren der Insel. Zur Eiche 38 • Tel. 3 11 44 • www.zureiche-sylt.de • tgl. 17–22, Fr–So auch 11.30–14 Uhr • €

EINKAUFEN
Einkauf-Centrum

Das Tinnumer Einkaufszentrum hat sich zur Hochburg der diversen Kaufhäuser entwickelt. Neben Kleidung, Schuhen und Drogeriewaren gibt es aber auch noch eine Apotheke, einen Friseur und eine Wäscherei sowie ein Sonnenstudio, eine

Genuss unterm – und vor dem – Reetdach: Im Landhaus Stricker (▶ S. 82) ist man umgeben von edlen Materialien und unaufdringlicher Eleganz.

Massagepraxis und einen Arzt – und erfreulicherweise genug Parkplätze.
Kiarwai

Nordfriesische Kunstwerkstätten
Bilderrahmen in allen Varianten, antik und modern. Fachkundige, freundliche Beratung.
Kampende 17 (Alte Landvogtei)

Teekula
Viele verschiedene Teespezialitäten, Kunsthandwerk und Geschenke.
Zur Kratzmühle 4

Der Süden
Hier gilt es, Neues zu entdecken: Kasernen wurden abgerissen und schöne Hotels eröffnet. Im Angesicht des stürmischen Meeres und der kargen Küste gibt es nun auch Luxus im Süden.

◄ Schmal und lang ragt die Südspitze der Insel ins Meer, das beständig gegen die Westküste drängt.

Hörnum   ▶ S. 120, B 12

1100 Einwohner
Ortsplan ▶ S. 87

Im 15. Jh. war die Sylter Südspitze vor allem ein Seeräubernest. Dann aber begann der große Herings-Boom, und Hörnum wurde zum blühenden Fischereihafen. Als es im 17. Jh. mit dem Heringsfang bergab ging, verlegten sich die Hörnumer wieder auf die Strandräuberei. Danach war der Ort zwei Jahrhunderte fast nicht besiedelt. Zu neuem Leben kam das Dorf durch die Reederei Hapag, die hier 1901 eine Mole baute, an der ihre Ausflugsdampfer anlegen konnten. Anschluss an den Rest der Insel fand Hörnum dann durch den Bau der Inselbahn, und 1935 errichtete die Luftwaffe hier Kasernen. Auf dem ehemaligen Kasernengelände am Hafen wurde nun ein 18-Loch-Golfplatz angelegt.

Oben auf der Düne, wo früher die Funkstation war, ist nun das Golfrestaurant Strönholt, und am Fuße des Platzes, direkt am Wasser, residiert das noble Budersand Hotel Golf & Spa (▶ MERIAN-Tipp, S. 86). Hörnum boomt, hat es doch mit dem Deep Nature Spa by Algotherme in dem neuen Hapimag-Gebäude auch noch ein Wellnesscenter der besonderen Art, das auch für Gäste, die nicht in der Anlage wohnen, offen ist.

SEHENSWERTES

Hafen 🛉🛉   ▶ S. 87, c 2

Neu gestaltet, ist der Hafen nicht nur Terminal, sondern lädt auch zum Bummeln ein. Sportsegler, Krab-

benkutter und andere Fischerboote, vor allem aber die Ausflugsschiffe sorgen für regelmäßigen Betrieb an der Südmole. Frische Krabben, Matjes und anderes Meeresgetier gibt es am Kiosk Matthiesen, die Reedereien bieten mitunter abendliche Bordfeste und Mondscheinfahrten.

Leuchtturm   ▶ S. 87, c 3

Das Hörnumer Leuchtfeuer ist nicht so alt und nicht so hoch wie das Pendant in Kampen, aber mit seinem fröhlichen Rot wirkt der Turm besonders schmuck. Von hier genießt man den Blick über Hafen, Odde und die umliegende Inselwelt. Seit 1907 geleitet der Leuchtturm die Schiffe durch die Fährnisse des Vortrapptiefs, des Meerarms zwischen Sylt und Amrum; sein weißer Ring beherbergte noch in den Dreißigerjahren die Schule des Ortes. Wer dem Himmel beim Jawort noch etwas näher sein will, kann hier auch stimmungsvoll heiraten.

Naturkundliches Informationszentrum   ▶ S. 87, b 2

Die Schutzstation Wattenmeer informiert mit Modellen, Schautafeln, Flutsaumfunden, präparierten Vögeln und Aquarium über den natür-

MERIAN-Tipp

HOTEL BUDERSAND

▶ S. 87, b/c 1

Das Luxushotel ohne Friesencharme fügt sich mit seinem modernen Design, der luftigen Fassade aus Zedernholz, erstaunlich gut in die Dünenlandschaft ein. Von der Restaurant-Terrasse und vielen Zimmern hat man einen herrlichen Blick über den Hafen und das Meer auf die Nachbarinseln, von anderen sieht man auf den Golfplatz. Großer Wellnessbereich, Vinothek, Restaurant KAI 3, Salon für vielfältige literarische und musikalische Veranstaltungen. Die große Bibliothek wurde von Elke Heidenreich eingerichtet. Hörnum, Budersand • Tel. 4 60 70 • www.budersand.de • 79 Zimmer und Suiten • €€€€

lichen Reichtum und die Gefährdung des Lebensraums am Watt, veranstaltet Wanderungen und Hallig-Exkursionen.
Rantumer Str. 27 • Tel. 88 10 93 • Ostern–Ende Okt. tgl. 10–12 und 15–18, Nov.–10. Jan. 10–12 und 14–16 Uhr, Mo geschl.

SPAZIERGANG

Ortsplan ▶ S. 87

Ein hübscher Weg führt vom **Kurhaus** zur Ostpromenade. Zuerst geht man zum Strandübergang und wandert über den **Bohlensteg** durch die Dünen zur Strandstraße. Ein kurzes Stück noch über die Straße »An der Düne«, und man erreicht die **Ostpromenade**.
Dauer: ca. 30 Min.

ÜBERNACHTEN

Am Leuchtturm ▶ S. 87, b 3

Komfortabel • Modernes Apartmenthotel. Frühstücksbuffet, Pool, Sauna, Tischtennis, Sonnenterrasse. An der Düne 38 • Tel. 9 61 00 • www.hotel-leuchtturm.com • Apartments für 2–6 Personen • ⚐ • €€

ESSEN UND TRINKEN

KAI 3

▶ grüner reisen, S. 17

Kap-Horn ▶ S. 87, a 3

Am Weststrand • Neues Strandrestaurant mit unkonventioneller Küche. Maritime Köstlichkeiten. Süderende 24 • Tel. 88 15 48 • www.kap-horn-sylt.de • tgl. 11 Uhr bis Sonnenuntergang • €€

Fisch Matthiesen ▶ S. 87, b 2

Fischbistro • Vom Kapitänsfrühstück bis zum Lachsspieß: alles aus dem Meer. Rantumer Str. 8 • Tel. 88 17 73 • tgl. ab 10 Uhr • €

Rostiger Anker ▶ S. 87, c 2

Maritime Atmosphäre • Frühstück, Labskaus, Steak und guter Kuchen. Blankes Tälchen 8 • Tel. 88 10 50 • www.rostiger-anker.de • tgl. 11–24 Uhr, im Winter Di geschl. • €

Sonniger Süden ▶ S. 87, b 2

Frisch gebackene Friesenwaffeln • Kuchen, Waffeln und kleine hausgemachte Gerichte werden auch auf der Terrasse serviert. Rantumer Str. 23 • Tel. 88 04 60 • tgl. ab 11 Uhr • €

Strönholt ▶ S. 87, c 2

Kreative Küche • Im Restaurant und Clubhaus oberhalb des Golfplatzes

Budersand werden gute und einfallsreiche Bistro-Gerichte serviert.
Jeden Sonntag gibt es Brunch von 11
bis 14 Uhr, jeden Mittwoch »Das
Beste aus dem Meer«, freitags immer
»Ente gut, alles gut« – kurz: Küchenchef Hannes Steensbeck fehlt es
nicht an Einfällen.
Fernsicht 1 • Tel. 4 60 74 01 • www.
stroenholt.de • tgl. 8–24 Uhr • €€€

GESUNDHEIT UND FITNESS

Strandsauna   ▶ S. 87, a 3
Blockhaus-Sauna kurz vor dem
Strand. Massagen, Snackbar. Rings-
herum Strandkörbe.
Im Süden des Weststrands •

Tel. 88 03 00 • April–Okt. und zur
Jahreswende tgl. 11–18 Uhr •
Tageskarte 15 €

SERVICE
AUSKUNFT
Tourismus-Service Hörnum
                    ▶ S. 87, b 2
Rantumer Str. 20 (Ecke Strandweg) •
Tel. 9 62 60 • www.hoernum.de •
Mo–Fr 9–17, Sa und So 9–13 Uhr

FAHRRADVERLEIH
Claßen   ▶ S. 87, b 2
Fahrräder, Motorroller und sogar
Tandems.
Budersandstr. 27 • Tel. 88 03 54

© MERIAN-Kartographie

MERIAN-Tipp

SPAZIERGANG AN DER HÖRNUM-ODDE ▶ S. 120, B 12

Hier spazieren zu gehen ist fast ein Muss, denn Schwarzseher unken, dass man das bald nicht mehr kann. Große Teile der Landzunge im äußersten Süden der Insel sind schon den vielen Sturmfluten zum Opfer gefallen; beim Muscheltal ist die See in den letzten Jahren mehrmals zum Wattenmeer durchgebrochen. In dieser faszinierenden Dünenlandschaft kann man die Gefährdung der Insel hautnah studieren.

Rantum ▶ S. 118, A 8

500 Einwohner

So wird die Sylter Anatomie beschrieben: Kampen ist der Nabel, Keitum das grüne Herz, Rantum die schlanke Taille der Insel. Von der Brandung im Westen bis zum Watt im Osten sind es an der schmalsten Stelle nicht mehr als 600 m.
Eingebettet in eine einzigartige Dünenlandschaft, bietet dieser idyllische Ort alles, was Familien mit Kindern sich wünschen. Seit seiner Gründung war das Dorf durch seine Lage besonders gefährdet. Vor Sand und See mussten die Menschen immer weiter nach Osten flüchten. Reste der Vorgänger sind noch heute auf dem Meeresgrund zu sehen, wenn der Ostwind das Meer weit nach Westen schiebt; dann werden bei Ebbe alte Mauern oder Mühlsteine freigelegt. Der ruhige Ort und sein 8 km langer, breiter Sandstrand mit dem berühmten Sansibar gehören zu den beliebtesten von Sylt.

SEHENSWERTES
Eidum-Vogelkoje ▶ S. 118, A 7

Die idyllisch in einem Wäldchen gelegene Anlage dient heute dem Schutz und der Erhaltung der bedrohten Vogelwelt. Neben dem alten Wildententeich und der Fangpfeife bietet sie einen naturkundlichen Lehrpfad und einen anschaulichen Ausstellungsraum mit Informationen über die unterschiedlichen Biotope sowie Nachbildungen von 55 Vogelarten in ihrer jeweiligen Umgebung. Die Eidum-Vogelkoje ist Ausgangspunkt fachkundiger Führungen unter Leitung eines Vogelwarts zu einer Vogelbeobachtungsstation und zum Rantum-Becken.
An der Straße Rantum–Westerland, Abzweigung Richtung Klärwerk und Sylt-Ost in Höhe des Campingplatzes Dikjen-Deel • Tel. 58 12 • Führungen März–Nov. tgl. außer Mo 11–13 Uhr, im Winter nach Vereinbarung

Rantumbecken ▶ S. 118, B 8

Was ursprünglich kriegerisch gemeint war, ist nun ein Urbild des Friedens. 1936 ließ die Wehrmacht eine 568 ha große Fläche des Wattenmeeres eindeichen und als Start- und Landebahn für Wasserflugzeuge künstlich aufstauen. Nach dem Krieg entstand daraus eines der artenreichsten Seevogelschutzgebiete Deutschlands; an die 60 Vogelarten finden hier Brut- und Rastplätze. Im Laufe der Zeit haben sich unterschiedliche Biotope entwickelt: Wiese, Sumpf, Wasser- und Sandflächen, auf denen sich Höckerschwäne, Seeschwalben, Säbelschnäbler, Rallen, Rohrdommeln, Enten und andere Wattvögel tummeln.
Das Gebiet darf nur unter Aufsicht des Vogelwarts betreten werden, al-

Im kleinen Friesendorf Rantum (▸ S. 88) schaffen die vielen reetgedeckten Häuser, die sich in die bezaubernde Dünenlandschaft einfügen, eine behagliche Atmosphäre.

leine kann man es auf dem mehr als 5 km langen Außendeich und dem landseitigen Binnendeich (4 km) umwandern. Ein besonderes Erlebnis sind die Führungen zur Zeit des Vogelzugs (März/April und Sept./Okt.), wenn Hunderttausende Enten, Schwäne, Wildgänse und Strandläufer das Areal bevölkern. Europareservat

Rantum-Inge ▸ S. 118, A 8

Der Name erinnert nicht etwa an die Urmutter des Dorfes – Inge ist vielmehr das friesische Wort für Salzwiesen. Auf dem Weg dorthin durch die Alte Dorfstraße fällt der Blick auf die restaurierten historischen Häuser des Ortes. Südlich hiervon erstrecken sich die tief gelegenen Marschen, ausgedehnte Wiesenflächen mit äußerst salzhaltigem Boden, denn bei hoher Flut heißt es hier stets »Land unter«.

Sylt Quelle

Seit 1993 wird in Rantum ein sehr gutes Wasser gefördert, reich an Mineralstoffen und Spurenelementen. Die Sylt Quelle betreibt hier eine hochmoderne Mineralwassergewinnungs- und Abfüllanlage. In der angeschlossenen Trinkhalle, dem »Quellenhaus«, kann man die verschiedenen Wässer verkosten. Im **Kunst:Raum**, »zwischen Förderband und Sprudelflaschen«, lädt die engagierte Kunstmäzenin Indra Wussow das ganze Jahr über zu Konzerten, Ausstellungen und Theaterabenden ein. Im Juli und August ist auch das »meerkabarett« auf dem Gelände der Quelle zu Gast. Im daneben liegenden Bistro kann man sehr gut essen und trinken (tgl. 10–22 Uhr). Durch die Glaswände beider Häuser hat man einen atemberaubenden Blick auf das Rantumbecken. Hafenstr. 1 • www.sylt-quelle.de

ÜBERNACHTEN

Söl'ring Hof
▸ MERIAN-Tipp, S. 13

Watthof
Geschmackvoll • Eines der schönsten Hotels der Insel, direkt am Deich mit Wattblick. Schwimmbad und Sauna.
Alte Dorfstr. 40 • Tel. 80 20 • www.watthof.de • 24 Zimmer, 10 Suiten • 🐕 • €€€€

Dorfhotel Sylt
▸ grüner reisen, S. 17

Raantem-Inge
Ehemalige Strandvogtei • Historisches Haus in unmittelbarer Wattlage. Einzel- und Doppelzimmer, Frühstück, Liegewiese mit Strandkörben.
Meret-Lassen-Wai 8 • Tel. 2 35 77 • www.sylt-net.de • 9 Zimmer • 🐕 • €€

ESSEN UND TRINKEN

Söl'ring Hof
Zwei-Sterne-Küche • Starkoch Johannes King kann in seinem Restaurant mit offener Landhausküche 40 Gäste mit exquisiten, feinen leichten Gerichten der klassischen und regionalen Küche verwöhnen.
Am Sandwall 1 • Tel. 83 62 00 • www.soelring-hof.de • €€€€

Schaper's
Stilvoll • Deutsche Küche mit mediterranem Einschlag, dazu traumhafter Blick aufs Watt.
Alte Dorfstr. 40 • Tel. 8 02 20 • www.watthof.de • tgl. ab 14 Uhr, ab 18 Uhr Abendkarte • €€€

Coast im Landhaus Rantum
Sonnenterrasse • Internationale Küche von mediterran bis regional.
Stiindeelke 1 • Tel. 15 51 • tgl. ab 12 Uhr • €€

Das Strandlokal der Insel hat auch einen verführerischen Weinkeller, in dem man sogar tafeln kann: Unter dem Sansibar (▸ MERIAN-Tipp, S. 91) lagern 45 000 Flaschen.

Seepferdchen

Einer der beliebtesten Strandtreffs • Hier geht es friesischer und ruhiger zu als in der **Sansibar** (▶ MERIAN-Tipp, S. 91). Bei Matjes, Eintopf oder Wildente genießt man hier, am Strandabschnitt Samoa, den Blick auf Brandung, Dünen und Watt.
Hörnumer Straße/Parkplatz Samoa • Tel. 55 79 • www.samoa-seepferd chen.de • tgl. 12–22 Uhr • €€

Tadjem Deel

In den Dünen • Beliebtes Strandrestaurant und Café im Süden des Ortes. Der Parkplatz ist an der Straße ausgeschildert.
Hörnumer Str. 60 • Tel. 2 31 61 • Ostern–Ende Okt. Mo–Fr ab 10.30, Sa, So ab 9 Uhr • €

EINKAUFEN
Checkout

Ständig neue Angebote von auslaufenden Modellen der vielfältigen »different fashion«-Läden.
Strandstr. 5

Sylter Strandgut

Hübsches Sylter und anderes Kunsthandwerk als Mitbringsel.
Hafenstr. 9

Sylt-Strandkörbe

Wer sich auch für den heimischen Garten einen Korb wünscht, findet hier eine breite Auswahl.
Hafenstr. 10

GESUNDHEIT UND FITNESS
Kurmittelabteilung

Verschiedene manuelle Therapien, Massagen, Fango- und Heilschlickpackungen, Krankengymnastik und Inhalationen.
Am Torbogen 6 • Tel. 92 61 18

MERIAN-Tipp 10

SANSIBAR ▶ S. 120, B 10

An einem sonnigen Tag gibt es auf Sylt kaum etwas Schöneres, als hier auf der Terrasse – an kalten Tagen mit Fußbodenheizung – zu sitzen, den Blick auf Dünen und Meer zu genießen und sich dabei von Herbert Secklers Küchentalenten verwöhnen zu lassen. Abends ist die schwäbisch inspirierte Speisekarte anspruchsvoll, und nach dem guten Essen in stimmungsvoller Umgebung ist es schwer, der großen Auswahl an erlesenen Schnäpsen zu widerstehen. Abends Reservierung unabdingbar.
Hörnumer Str. 80 • Tel. 96 46 56 • www.sansibar.de • tgl. 11–23 Uhr • €€€

Strandsauna Rantum

Direkt am Strand im Abschnitt Samoa steht die kleine Sauna mit Dampfbad. Die Nutzung der Bademäntel, Handtücher, Wolldecken und Liegen ist inklusive.
Hörnumer Str. 3 (Dünenübergang am Campingplatz) • Tel. 83 41 86 • www.strandsauna-sylt.de • tgl. 11–19, Nebensaison 11–17 Uhr • Tageskarte 12 €

SERVICE
AUSKUNFT
Kurverwaltung

Strandstr. 7 • Tel. 8 07 77 • www.rantum.de

FAHRRADVERLEIH
Steinhardt

Stiindeelke 1 • Tel. 01 70/3 27 20 76

Die Uwe-Düne (▸ S. 48), der höchste
Punkt der Insel, bietet einen herrlichen
Blick über Sylt und an klaren Tagen bis
zu den Nachbarinseln Amrum und Föhr.

Touren und
Ausflüge

Mit dem Schiff hinausfahren, zu Fuß oder mit dem
Fahrrad die Insel erkunden, mit dem Zug ins Museum
reisen – Ausflüge für jede Stimmung und jedes Wetter.

Aufs Meer hinaus – Mit dem Schiff zu den Inseln Amrum oder Föhr 🧒

CHARAKTERISTIK: Wer sich die Seeluft so richtig um die Nase wehen lassen will, besteigt ein Schiff zu einer der Inseln oder schippert mit der alten »Gret Palucca« zu den Seehundsbänken **DAUER:** Fahrzeit mit dem Schiff nach Amrum 1,5 Std., nach Föhr 2 Std. **EINKEHRTIPPS:** Alle Schiffe sind bewirtschaftet **AUSKUNFT:** Insel- und Halligreederei Adler Schiffe, Tel. 9 87 00, www.adler-schiffe.de

Die herrliche Dünenlandschaft Amrums, die grüne Insel Föhr, das sind reizvolle Kontrastprogramme zur »Königin der Nordsee«. Von **Hörnum** aus gibt es Tagesausflüge nach Amrum, Föhr oder auf die Halligen. Auf Amrum, der kleinsten der drei großen Nordfriesischen Inseln, ist jeder Besucher sogleich gefesselt von Größe und Weite des Strandes – die frühere Sandbank wird wegen des gelegentlich schmerzhaften Sandflugs Kniepsand genannt. Ein Muss ist auch das idyllische friesische Inseldorf Nebel mit der alten St. Clemens-Kirche. Auf Föhr wird der Kurzbesucher wahrscheinlich in Wyk bleiben, dem Biedermeierstädtchen mit seinen alten Spitzgiebelhäusern. Am selben Nachmittag geht es jeweils wieder zurück nach Sylt. Von **List** aus gibt es Fahrten nach Amrum und Föhr, Kurzfahrten auf dem Wattenmeer und mit der »Gret Palucca« zu den Seehundsbänken. Im Sommer werden auf diesem Schiff auch herrliche Piratenfahrten für Kinder veranstaltet.

Ein Gefühl von Freiheit und »Unendlichkeit« ist auf Amrum allgegenwärtig – weitläufige Dünenlandschaften, von Holzstegen durchzogen, laden zum Wandern ein.

Auf Tuchfühlung mit der Insel – Dünen-, Strand-, Kliff- und Wattwanderungen

CHARAKTERISTIK: Mit dem Watt und den Kliffen, den Pflanzen und Blumen erlebt man die ganz großen wie die ganz kleinen Formen der Insel. In stillen Dünentälern den heimischen Vögeln zu lauschen tut ebenso wohl wie eine Wanderung am Meer, mit manchmal tosender Brandung **DAUER:** je nach Lust und Laune **EINKEHRTIPPS:** Überall am Strand gibt es Strandtreffs und auf dem Kliff oder der Düne gemütliche Restaurants, etwa Sansibar (▶ MERIAN-Tipp, S. 91), Seeblick (▶ S. 42), Wonnemeyer (▶ S. 17), La Grande Plage (▶ S. 52), Buhne 16 (▶ S. 52) oder Weststrandhalle (▶ S. 57) **AUSKUNFT:** Allgemeine Informationen, Gezeitenpläne und Wanderrouten gibt es in jeder Kurverwaltung

Was gibt es Schöneres, als eine spektakuläre Landschaft zu Fuß zu entdecken? Auf Sylt haben Sie die Wahl zwischen verschiedenen reizvollen Varianten.

Dünenschutz ist Inselschutz. Diesen Satz liest man auf vielen Hundert Schildern. Wie ernst dieser Hinweis zu nehmen ist, verbunden mit der Bitte, die Dünen nicht wild zu betreten, wird jedem klar, der einmal gesehen hat, was Menschen durch bloßes Gehen oder Kinder durch Herumtollen zerstören können. Bei jedem Schritt gerät der Sand in Fluss, rutscht weg, die vom Wind geschaffene Formation verändert sich, der Abbau der Düne beginnt. Also, beachten Sie unbedingt die Hinweisschilder, nehmen Sie die Bitten der Naturschützer ernst und bewahren Sie Ihre Ferieninsel vor Schaden.

Wenn Sie aber auf den markierten Wegen gehen, werden Sie, vor allem in den Wanderdünen, die Natur erleben wie sonst nirgends in Deutschland. Warme, stille Täler wechseln mit Pfaden, auf denen man bergauf klettern muss, weißer Sand geht über in bewachsene grüne Flächen mit Strandflieder, Lungenenzian oder Thymian. Ungestörter als hier

Wattwanderungen können herrlich entspannen sein – aber auch gefährlich.

in der weißen Dünenlandschaft kann man sich wohl kaum fühlen. Weniger einsam, aber nicht weniger eindrucksvoll sind die Dünenlandschaften zwischen Meer und Straße, die jeder durchqueren muss, der von einem der Parkplätze zum Strand geht. Wahre Mondlandschaften sieht man hier links und rechts der großen Pfade, und wer einmal nicht den schnellsten Weg von seinem Auto zu seinem Strandkorb nimmt, wer abbiegt in einen der kleineren

Wege, der hört Vögel singen, die er noch nie gehört hat, sieht ab August die Heide auf weiten Flächen lila blühen und atmet den Duft der Sylt-Rosen. Stundenlang kann man hier wandern, sich auf Bänken ausruhen, nachdenken und träumen.

Wer einmal eine lange Wanderung am Strand entlang, womöglich noch bei idealem Nordseewetter, nämlich Sonne, Wind und Wolken, gemacht hat, wird das immer wieder und bald auch zu jeder Jahreszeit tun wollen. Strandwandern gehört zum Gesündesten, aber auch zum Schönsten, was man auf dieser Insel am bzw. im Meer machen kann. Bestimmte Gegebenheiten sollte man aber strikt beachten. So zum Beispiel niemals, auch nicht im Hochsommer, lange unbekleidet gehen; die Sonneneinstrahlung ist zu stark, und Sonnenbrand, manchmal sogar Sonnenstich können die Folgen sein. Bei bedecktem Himmel sollte man sich immer wärmer anziehen, als man zu Hause meint; am Meer weht's stärker, und einen Weg geht man meist gegen den Wind.

Am schönsten und leichtesten ist es, am breiten, festen Strand bei Ebbe zu wandern. Dann muss man nicht durch den Sand stapfen, sondern geht leichtfüßig nah am Flutsaum entlang. Gezeitenkalender, in denen die Zeiten von Hoch- und Niedrigwasser verzeichnet sind, gibt es in jeder Kurverwaltung.

Die Länge Ihres Weges können Sie leicht selbst bestimmen; wenn Sie hin- und zurückgehen, sollten Sie bedenken, dass der Marsch gegen den Wind manchmal die doppelte Zeit kostet. Aber auch längere Wanderungen in eine Richtung, zum Beispiel von List nach Kampen immer der Sonne entgegen nach Süden, sind leicht und in fast jeder beliebigen Länge durchführbar. Beginnen Sie beispielsweise in List, laufen Sie nach Kampen (ca. 2–3 Stunden) und nehmen Sie dann den Bus zurück. Oder nehmen Sie den kürzeren Weg von Kampen nach Wenningstedt (ca. 1 Stunde), und wenn Sie gerade gut in Schwung sind, laufen Sie weiter nach Westerland (nochmal ca. 1 Stunde). Zurück gibt es immer Busse. Und wenn Sie von Westerland aus südwärts wandern, können Sie auch in einem der Strandtreffs einkehren und sich stärken. Dem Auftanken mit den Kräften des Meeres sind also kaum Grenzen gesetzt.

Als Fußwanderer haben Sie ohne Zweifel die schönsten und abwechs-

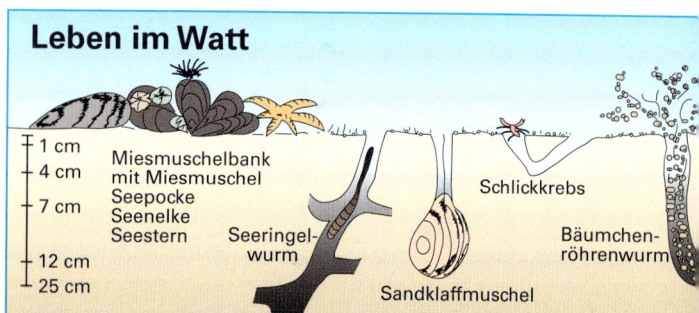

Leben im Watt

1 cm
4 cm
7 cm
12 cm
25 cm

Miesmuschelbank
mit Miesmuschel
Seepocke
Seenelke
Seestern
Seeringel-
wurm

Schlickkrebs

Sandklaffmuschel

Bäumchen-
röhrenwurm

lungsreichsten Möglichkeiten, Sylt zu erkunden. Die auf den nächsten Seiten kurz skizzierten Fahrradtouren (▶ S. 98, 99, 100) sind natürlich auch als Wanderwege ein Erlebnis, Teilstrecken sind ebenso attraktiv. Zu Fuß können Sie auch von den Fahrradwegen abschweifen, etwa bei der Wanderung nach List zum Weststrand überwechseln und an der Brandung weitermarschieren. Auch die Naturschönheiten rings um die einzelnen Orte lassen sich am besten auf Wanderungen erschließen; als herausragende Beispiele seien hier nur das **Morsum-Kliff 3** (▶ S. 76) mit der umliegenden Heidelandschaft genannt oder der Weg entlang am Watt zwischen Kampen und Keitum, vor allem im Frühjahr oder Herbst, wenn die vielen Vögel brüten oder sich zum Abflug in den Süden sammeln. Auch bei heftigem Westwind können Sie hier ruhiger gehen und sich immer wieder an den kleinen Wundern der Natur erfreuen. Und wenn Sie kürzer unterwegs sein wollen, gehen Sie doch einmal den Weg von Kampen nach Wenningstedt oben auf dem Roten Kliff. Das Gefühl, auf die unendliche Weite des Meeres zu schauen, kann überwältigend sein.

Zwischen der Ostseite der Insel und dem Festland liegt das Watt. Seit 1985 wird es als »**Nationalpark Schleswig-Holsteinisches Wattenmeer« 10** geschützt. Trotzdem dürfen Sie natürlich in der Nähe des Ufers wandern; die Zone, die Sie betreten dürfen, ist mit 150 m vom Ufer entfernt angegeben.

Ganz ungefährlich ist das Wandern im Watt aber nicht, jeden Sommer geraten hier Menschen in Gefahr, weil sie sich nicht an die nachfolgend genannten Regeln halten.

Regel 1: Erkundigen Sie sich genau nach den Gezeiten.

Regel 2: Immer muss vor der Wanderung eine lange Zeit der Ebbe, des Niedrigwassers, vor Ihnen liegen, die Flut kommt sehr schnell.

Regel 3: Immer einen Kompass mitnehmen, da man allzu leicht die Orientierung verliert.

Am besten tragen Sie Gummistiefel, denn die vielen Muscheln und anderen Tiere zerschneiden leicht die Füße, und kurze oder hochgekrempelte Hosen, weil es von unten doch mal nass werden kann. Am schönsten ist eine Führung durch einen kundigen Wattenführer, der nicht nur die Gezeiten, sondern auch die vielen verschiedenen Tierarten kennt.

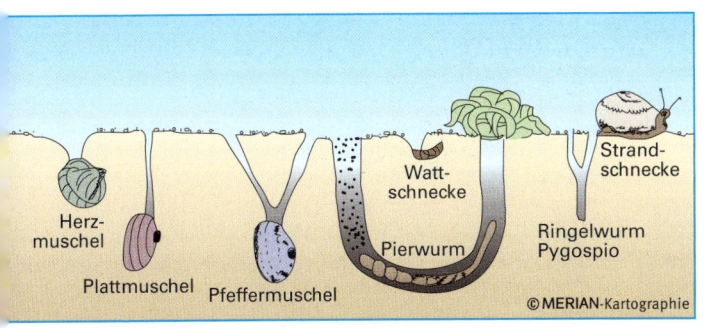

An die Südspitze – Erlebnisreiche Fahrradtour für Hobby-Ornithologen

CHARAKTERISTIK: Auf dieser Tour lernt man Sylt von der Mitte bis zur äußersten Südspitze kennen und kann seltene Vogelarten beobachten **DAUER:** ca. 90 Min. **EINKEHRTIPP:** Strandlokal Oase zur Sonne, Rantumer Str. 333, Westerland, Tel.

 15 70, www.oase-sylt.de, tgl. ab 10 Uhr € **AUSKUNFT:** Tourismus-Service Westerland, Strandstr. 35, Tel. 01 80/5 00 99 80, www.wester land.de **KARTE ▶ S. 118, A 6 – S. 120, B 12**

Westerland ▶ Rantum

Vom Schützenplatz fahren Sie auf den Spuren der alten Inselbahn, vorbei am Südwäldchen, das bei Gegenwind guten Schutz bietet, und Campingplatz (Blick über den Nössedeich bis Keitum und Archsum), hinaus ins Freie. Weiter geht's durch **Dikjen-Deel**, **Kojenwäldchen** und das Naturschutzgebiet **Baakdeel** (Blick auf das sehenswerte Rantumbecken) nach Rantum. Hier können Sie das hübsche Dorf besichtigen.

Rantum ▶ Hörnum

Über den roten Fahrradweg geht es durch eine der aufregendsten Dünenlandschaften Sylts vorbei am Burgberg Burgtal, Groß-Vlie nach **Sansibar**. Nach einem Stopp fahren Sie zwischen amphibienreichen Dünentälern bis nach **Puan Klent**, das von der Stadt Hamburg als Jugenderholungsheim genutzt wird. In diesem Teil der Insel führt der Fahrradweg nun in unmittelbarer Wattnähe nach Hörnum.

Zwischen Hörnum und Rantum liegt das legendäre Sansibar (▶ MERIAN-Tipp, S. 91). Herbert Seckler hat aus der »Bretterbude« in den Dünen ein Kultrestaurant gemacht.

Mit dem Fahrrad zum Lister Ellenbogen – Sylter Natur- und Kulturvielfalt

CHARAKTERISTIK: Wanderdünen und Austernbänke, ein Bummel durchs schicke Kampen – diese abwechslungsreiche Strecke demonstriert Sylts Vielfalt **DAUER:** ca. 90 Min. **EINKEHRTIPPS:** Vogelkoje, Kampen (▸ S. 50) • Austern-meyer, List (▸ S. 57) • am Hafen von List **AUSKUNFT:** Tourismus-Service Westerland, Strandstr. 35, Tel. 01 80/5 00 99 80, www.wester land.de **KARTE ▸ S. 118, B 6–S. 117, E 2**

Westerland ▸ Kampen

An der Seenotstelle in Westerland beginnt der Fahrradweg, der an der Nordseeklinik vorbei nach Wenningstedt führt. Am Dorfteich und **Denghoog** können Sie ausruhen oder besichtigen. Der Fahrradweg geht jedenfalls weiter nach Kampen; unterwegs lohnen **Uwe-Düne** und **Leuchtturm Rotes Kliff** mit den Hünengräbern einen Abstecher.

Kampen ▸ List

In Kampen sollten Sie einen Blick vom Roten Kliff aufs Meer werfen und erst dann, eventuell nach einem Bummel durch den Ort mit seinen vielen Geschäften und Galerien, über die frühere Inselbahntrasse weiter nach Norden fahren, durch atemberaubende Dünentäler und Heideflächen. Schön und gleichzeitig interessant ist ein Abstecher zur **Kampener Vogelkoje**. Nach der Besichtigung der alten Entenfanganlage, in der Sie mit den ziemlich rüden Methoden des Einfangens der Tiere von früher konfrontiert werden, können Sie sich im Café an Kuchen oder anderen Kleinigkeiten aus der Küche laben, ehe Sie wieder aufs Fahrrad steigen.

Weiter geht's in Richtung der Siedlung Sonnenland und dann vorbei an den bizarren, faszinierenden Wanderdünen des Listlandes. Rechts liegt

Am Ellenbogen gibt es gleich zwei Leuchttürme – hier der westliche.

die weite Blidselbucht mit ihren Austernbänken – bei Niedrigwasser sind sie gut zu sehen. An der Siedlung Mellhörn und der Wetterstation vorbei kommen Sie schließlich nach **List**. Hier gibt es viele Möglichkeiten: Sie können in der Alten Tonnenhalle einkaufen – und zwar nicht nur Mitbringsel –, Krabbenbrötchen essen, Schiffe bestaunen oder einfach in der Sonne sitzen und auf das Hafengetümmel schauen. Wer früh dran ist, kann auch einen Schiffsausflug mit der Reederei Adler unternehmen – nicht nur für Kinder ein tolles Erlebnis (▸ S. 94).

Auf dem Deich entlang – Mit dem Rad von der Westküste nach Sylt-Ost

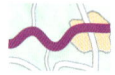

CHARAKTERISTIK: Diese Fahrradtour führt sowohl am Meer entlang als auch quer über die Insel nach Sylt-Ost **DAUER:** ca. 1,5–2 Std. **EINKEHRTIPPS:** Café Kamp's, Keitum (▶ S. 72) • Fisch-Fiete, Keitum (▶ S. 73) • Café Ingwersen, Morsum (▶ S. 78) **AUSKUNFT:** Kurverwaltung Rantum, Strandstr. 7, Tel. 80 70, www.rantum.de • Touristbüro Keitum, Tel. 3 37 33, www. sylt-ost.de **KARTE** ▶ **S. 118, A 8 – S. 119, E 7**

Flache Wege machen die Insel zu einem Paradies für Radler – trotz Wind.

Natürlich kann man von Westerland über die Straße nach Keitum radeln, aber schöner ist der Deichweg ab Rantum.

Rantum ▶ Keitum

Von Rantum aus folgen Sie den Schildern zum **Rantumbecken**, fahren über die Deichkrone nach Nordosten, wobei das als Naturschutzgebiet ausgewiesene Becken immer links von Ihnen liegt. Nördlich des Biotops sehen Sie links im Inselinneren kilometerlang das einmalige **Natur- und Vogelschutzgebiet Baakdeel**. Sicher halten Sie hier immer wieder an. Die Perspektive auf dieses faszinierende Gebiet verändert sich dauernd und ist jedes Mal auf andere Weise schön. Man kann sich kaum noch vorstellen, dass hier Wasserflugzeuge der deutschen Wehrmacht starten und landen sollten, dass nach dem Krieg die Abwässer Westerlands hierher geleitet wurden und dass erst ab 1962 das Becken renaturiert wurde. Erst ganz allmählich haben sich Biotope wie Wiesen und Sümpfe entwickelt. Wenn Sie dann den **Deichsiel** passiert haben, können Sie über den **Nössedeich** weiter am Watt entlang Richtung Archsum und Morsum fahren. Sie können aber auch in die Marsch hinab und weiter nach **Keitum** radeln, um das idyllischste Inseldorf zu besuchen.

Keitum ▶ Morsum

Von der Baustelle für die Therme im Süden von Keitum aus führt der Weg vorbei an den steinzeitlichen Gräbern **Tipkenhoog** und **Harhoog** – besuchen Sie diese unbedingt – hinunter in die Marschwiesen bis nach **Archsum**. Wenn Sie hier keine Pause machen, durchqueren Sie das friedliche Dorf bis zum Nössedeich, auf dem es dann in östlicher und abermals nördlicher Richtung weiter nach **Morsum** geht. Wer möchte, fährt weiter bis zum farbenprächtigen **Morsum-Kliff** 🔅 und genießt den Blick aufs Watt.

Abstecher auf das Festland –
Das Emil-Nolde-Museum in Seebüll

CHARAKTERISTIK: Nach der Zugfahrt von Westerland, Keitum oder Morsum nach Klanxbüll kann man mit Fahrrad oder Bus weiterfahren und das nordfriesische Festland erleben **DAUER:** ca. 1,5 Std. von Klanxbüll **EINKEHRTIPP:** In der Nähe des Museums befindet sich das Café Gästehaus Seebüll, Seebüll 33, Neukirchen, Tel. 0 46 64/98 39 70 € **AUSKUNFT:** Nolde-Museum Stiftung Seebüll Ada und Emil Nolde, Tel. 0 46 64/98 39 30, www.nolde-stiftung.de, März–Nov. tgl. 10–18 Uhr, Eintritt 8 €, erm. 3 €

Dieser Ausflug ist ein lohnender Abstecher aufs Festland: Die leuchtenden Blumen- und Landschaftsbilder des berühmten Expressionisten faszinieren jeden Betrachter.

In Emil Noldes Haus, in dem er von 1927 bis zu seinem Tod im Jahre 1956 gelebt und gearbeitet hat, befindet sich heute ein Museum mit rund 220 Werken und jährlich wechselnden Ausstellungen mit Bildern des großen Malers. Überall, wo sich der Meister niederließ, legte er Blumengärten an. Auch das wunderschön gelegene Haus auf der Warft Seebüll ist von einem prachtvollen Garten umgeben, dessen Wege in Form der Anfangsbuchstaben A und E verlaufen – Emil Noldes dänische erste Frau hieß Ada. Nach seinem Tod entstand die Stiftung Seebüll Ada und Emil Nolde, die noch heute für das Museum und die Ausstellungen zuständig ist.

Das 1927 nach Emil Noldes eigenen Entwürfen erbaute Haus diente als Atelier und Wohnung. 1957, bald nach dem Tod des Malers, öffnete das Museum seine Tore.

Geduldspiel: Drei Jahre dauert es, bis
die Sylter Royal auf den Austernbänken
im kühlen Nordseewasser ihr Verzehr-
gewicht von rund 80 Gramm erreicht hat.

Wissenswertes
über Sylt

Nützliche Informationen für einen gelungenen
Aufenthalt: Fakten über Land, Leute und Geschichte
sowie Reisepraktisches von A bis Z.

Auf einen Blick

EINWOHNER: 20 400
FLÄCHE: 99,14 qkm
GRÖSSTER ORT: Westerland,
9000 Einwohner
HÖCHSTE ERHEBUNG: Uwe-Düne,
52,5 m
INTERNET: www.gemeinde-sylt.de

Bevölkerung

Die Einwohnerzahl Sylts liegt seit Jahren konstant bei rund 20 000. Etwa 12 000 Zweitwohnsitze sind auf Sylt gemeldet. 2000 bis 3000 Pendler, darunter nicht wenige ehemalige Sylter, die wegen hoher Mieten und Immobilienpreise auf das Festland gezogen sind, kommen täglich über den Hindenburgdamm nach Sylt. Es gibt eine relativ große dänische Minderheit auf der Insel. Sie hält ihre Traditionen in Vereinen, einer eigenen Kirche und zwei dänischen Grundschulen äußerst lebendig.

Küstenschutz

Wind und Wellen zusammen bilden eine zerstörerische Gewalt, vor der die Sylter ihre Insel seit etwa 150 Jahren zu schützen versuchen. Zuerst haben sie Strandhafer zum Befestigen der Dünen angepflanzt und Buhnen aus Eichenholz oder Eisen vom Strand ins Meer gebaut. Seit 1972 wird als bisher wirkungsvollste Maßnahme jedes Jahr Sand aufgespült. Dabei saugt ein vor der Küste liegendes Spülschiff ein Sand-Was-

◄ Schlürfen gehört zum guten Ton: Austernmeyer (▶ S. 57) in List.

ser-Gemisch auf und pumpt es über Rohre an den Strand (1 Mio. Kubikmeter pro Jahr). Der Osten der Insel wird durch eine etwa 22 km lange Deichlinie vor der Abtragung und Zerstörung geschützt. Mittlerweile wurde die Stiftung »Küstenschutz Sylt« unter Schirmherrschaft des Ministerpräsidenten von Schleswig-Holstein gegründet – somit ist auch ein privates Engagement der Sylter und der Gäste für den Küstenschutz möglich.

Lage und Geografie

Die Nordseeinsel Sylt ist nach Rügen, Usedom und Fehmarn die viertgrößte deutsche Insel. Sie gehört zur Nordfriesischen Inselgruppe und liegt zwischen 9 und 16 km vor dem Festland, mit dem sie seit 1927 durch den Hindenburgdamm verbunden ist. Die Nord-Süd-Ausdehnung beträgt 38,5 km, die Ost-West-Ausdehnung 360 m bis 12,6 km. Sylts Küste ist 107 km lang, davon sind 40 km Sandstrand.

Sprache

Auf Sylt wird selbstverständlich deutsch gesprochen, plattdeutsch ist nur selten zu hören und die Sylter Mundart, »Söl'ring«, das Sylter Friesisch, leider kaum noch. Seit Erlass des sogenannten »Friesisch-Gesetzes« wird es nun allerdings gefördert. So sind z. B. die Ortstafeln inzwischen zweisprachig: »Kampen/Kaamp« oder »Westerland/Weesterlön«. Auch der Söl'ring-Unterricht an Schulen und in der Erwachsenenbildung ist seit einigen Jahren wieder gefragt.

Die relativ große dänische Minderheit hält ihre Traditionen in Vereinen, einer eigenen Kirche und zwei dänischen Grundschulen äußerst lebendig. Und die Dänen sprechen natürlich dänisch.

Verwaltung

Anfang 2009 haben sich nach langen Verhandlungen die Orte Westerland, Sylt Ost (Morsum, Archsum, Keitum, Tinnum, Munkmarsch) und Rantum zu einer Verwaltungseinheit, der Gemeinde Sylt, zusammengeschlossen. List, Kampen, Wenningstedt und Hörnum bleiben weiterhin selbstständige Gemeinden. Ziel vieler Inselpolitiker ist es, alle Aufgaben in einer Großgemeinde zu bündeln, andere fürchten, den individuellen Charakter der kleinen Orte damit aufs Spiel zu setzen.

Wirtschaft

Einst landwirtschaftlich geprägt, lebt Sylt heute fast ausschließlich vom Tourismus. Jährlich kommen etwa 800 000 Gäste auf die Insel. Die Anzahl der Übernachtungen wächst dabei seit Jahren kontinuierlich an (1990: 5 381 109 Übernachtungen, 2008: 6 720 953), während die durchschnittliche Aufenthaltsdauer der Urlauber sinkt (1990: 10,3 Tage, 2008: 8,1). Der Anteil ausländischer Gäste ist dabei mit unter 1 % verschwindend gering.

Leicht zögerlich, aber inzwischen umso entschlossener haben sich die Sylter dem veränderten Verhalten ihrer Gäste, was den Anspruch an Komfort in den Unterkünften betrifft, angepasst. Es gibt neue Luxushotels, mit vielfältigen Wellness- wie kulturellen Angeboten und entsprechend vielen Arbeitsplätzen.

Geschichte

6000–4000 v. Chr.

Auf dem Roten Kliff und im äußersten Norden entstehen die ersten Dünen. In den folgenden drei Jahrtausenden bilden sich auch überall sonst im Syltland Dünen.

4000–1500 v. Chr.

Jungsteinzeit. Aus dieser Zeit stammen die Hünengräber.

200 v. Chr.

Die Friesen dringen nach Süden vor und siedeln sich am Südrand der Nordsee an.

Um 850 n. Chr.

Viele Friesen kehren zurück, vermischen sich vermutlich mit Stämmen aus dem Norden, etwa den Wikingern, und besiedeln das Land.

1141

Erste urkundliche Erwähnung durch den Dänenkönig Erich III. Er schenkt Sylt dem Kloster Odense.

Um 1150

Auf der Insel gibt es bereits vier Kirchen, von denen heute noch zwei erhalten sind: St. Martin in Morsum und St. Severin in Keitum.

1252

Schlacht gegen die Dänen. Die Friesen verweigern dem König die Steuern, weil sie das Geld für den Deichbau benötigen.

1362

Die Marcellusflut, »de grote Mandränke«, zerstört weite Teile des Landes, 100 000 Menschen ertrinken. Sylt wird vom Festland getrennt.

1435

Im Frieden zu Wordingsborg wird Sylts Zugehörigkeit zum Herzogtum Schleswig festgelegt, nur Listland bleibt königlich.

1436

Eine Flut zerstört das Kirchdorf Eidum. Gründung Westerlands.

1490

Sylt fällt den Gottorper Herzögen zu; es beginnt eine unruhige Zeit.

1570

Die Allerheiligenflut tötet Tausende Menschen.

1634

Die Burchardiflut, die zweite »Mandränke«, fordert ca. 9000 Opfer. Die Sylter können allein vom Heringsfang nicht mehr leben. Sie heuern auf Walfangschiffen an.

1721–1864

Sylt ist wieder Teil des dänischen Gesamtstaates.

1836

Der Sylter Walfänger Peter Eschel geht auf die letzte Grönlandfahrt. Der Wal ist so gut wie ausgerottet.

1857

Westerland wird Badeort.

1864

Preußen und Österreich schlagen die Dänen vernichtend. Schleswig und Holstein fallen an die Sieger. Österreich tritt 1866 seine Ansprüche an Bismarck ab. Die Herzogtümer sind nun preußisch.

1867

Preußische Bautrupps errichten zum Küstenschutz erste Buhnen vor dem Roten Kliff zwischen Wenningstedt und Kampen.

1888

Die erste Inselbahn von Munkmarsch nach Westerland wird eingeweiht.

1901

Die Inselbahn fährt schon bis Hörnum und von 1908 an über Wenningstedt und Kampen nach List.

1902

Das erste Familienbad der Nordsee wird eröffnet; Frauen und Männer dürfen gemeinsam baden.

1920

Nach dem verlorenen Krieg müssen die Sylter darüber abstimmen, ob sie zu Deutschland oder zu Dänemark gehören wollen. Mit überwältigender Mehrheit (88,4 %) entscheiden sie sich für Deutschland.

1927

Der Hindenburgdamm wird eingeweiht, die Eisenbahnverbindung zwischen Sylt und dem Festland. Er ist 11,2 km lang.

1928

Eine große Sturmflut zerstört weite Teile der Insel. Der Bau des Nössedeichs wird beschlossen. Erst zehn Jahre später ist die Errichtung des Deichs vollendet.

1942

Durch eine Polizeiverordnung wird das Nacktbaden auf der Insel ganz offiziell erlaubt.

1950–1960

Wirtschaftwunderzeit: Neue Hotels werden gebaut, der Fremdenverkehr nimmt zu.

1962

Bei einer Sturmflut wird der Hörnumer Dünengürtel durchbrochen. Das Wasser steigt bis auf 3,41 m über Normal. Schaden: über 5 Mio. DM.

1970

Der Betrieb der Inselbahn wird eingestellt. Nun bestreiten Busse den Personenverkehr.

1976

Die Insel erlebt die bis dahin schwerste Sturmflut des Jahrhunderts. Sie droht am Ellenbogen, nördlich von Kampen, bei Dikjen-Deel und bei Hörnum zu zerbrechen.

1978

Über 1 Mio. Kubikmeter Sand werden zum Schutz der Insel aufgespült. Diese Maßnahmen müssen in Abständen wiederholt werden.

1999

Am 4. Dezember 1999 fegt das Sturmtief »Anatol« über die Insel. Es entwurzelt ganze Waldstücke. Schadensbilanz: 20 Mio. DM.

2004–2008

Orkane verursachen starke Sandverluste, die durch Vorspülungen nicht ausgeglichen werden können.

2008–2010

In Keitum und Wenningstedt sind große Baustellen zu beklagen: Der Bau der Keitumer Therme ist gestoppt, das neue Kurhaus in Wenningstedt soll 2012 eröffnet werden.

Reisepraktisches von A–Z

ANREISE

MIT DEM AUTO

Am einfachsten ist die Fahrt über die Autobahn Hamburg–Flensburg bis zur letzten Abfahrt vor der dänischen Grenze Harrislee und von dort über die Landstraße via Leck nach Niebüll. Wer aber lieber gleich über die Landstraßen fahren und dabei ein bisschen schönes Schleswig-Holstein ansehen will, der nimmt den Weg über Heide und Husum und landet dann auch in **Niebüll**. Von da aus geht es weiter mit dem schnellen roten Autozug über den Hindenburgdamm, wo der Urlaub schon beginnt, weil man sich zurücklehnen und die Landschaft betrachten kann. Von Westerland aus, hier landet der Zug, fährt man dann auf gut ausgeschilderten Straßen in die Inselorte.

Die Züge fahren das ganze Jahr über zwischen etwa 6 und 20 Uhr, im Sommer bis ca. 21 Uhr. Eine Platzreservierung ist nicht möglich. In Spitzenzeiten werden zusätzlich Züge eingesetzt. Es empfiehlt sich aber, an solchen Tagen die Verkehrshinweise der nördlichen Radiosender anzuhören, die auch Hinweise auf die Wartezeiten in Westerland und Niebüll geben. Preis für eine Rückfahrkarte Niebüll–Westerland Di, Mi, Do 67 €, sonst 80 € für den Pkw inklusive Insassen.

Auskunft
Bahnhof Niebüll
Tel. 0 46 61/93 45 67

Service-Telefon Westerland
Tel. 0 46 51/9 95 05 65 •
www.syltshuttle.de

Wer die Autofahrt mit einer kleinen Seereise beenden will, der wählt den Weg über Rømø in Dänemark. Von hier aus gelangt man mit der **Rømø-Sylt-Linie** per Fähre nach List, dem nördlichen Hafen Sylts. Unterwegs kann man zollfrei einkaufen, kleine Snacks zu sich nehmen, Meeresluft genießen.

Platzreservierungen sind in den Sommermonaten sehr zu empfehlen. Die Rückfahrkarte für einen Pkw samt Insassen kostet zwischen 61 und 71 €.
www.syltfaehre.de

MIT DEM ZUG

Man fährt über Hamburg mit dem Intercity durchs schöne, weite Schleswig-Holstein direkt nach Westerland. Die Nord-Ostsee-Bahn hält auch in Morsum und Keitum. Am Bahnhof Westerland stehen Busse oder Taxis bereit, mit denen man die einzelnen Inselorte schnell erreichen kann.

MIT DEM FLUGZEUG

Man erreicht die Insel von Berlin, Dortmund, Dresden, Düsseldorf, Frankfurt, Hamburg, Köln/Bonn, Leipzig, München, Nürnberg und Stuttgart aus, allerdings täglich oder mehrmals in der Woche von Ende März bis Ende Oktober. In den Wintermonaten wird nur von und nach Düsseldorf geflogen.

Auskunft und Buchung
Flughafen Sylt   ▸ S. 118, B 6
Tel. 92 06 12 • www.flughafen-sylt.de

Sylt Air
Tel. 12 11

AUSKUNFT

IN ÖSTERREICH UND DER SCHWEIZ

Deutsche Zentrale für Tourismus

– Mariahilfer Str. 54, 1070 Wien •
Tel. 01/15 13 27 92 •
www.deutschland-tourismus.at
– Talstr. 62, 8001 Zürich •
Tel. 0 44/2 13 22 00 •
www.deutschland-tourismus.ch

AUF SYLT

Sylt Marketing ▸ Klappe vorne, b 3

Stephansstr. 6, 25980 Westerland •
Tel. 0 46 51/8 20 20 • www.sylt.de

BUCHTIPPS

Hans Jessel: Das große Syltbuch (Ellert & Richter, 2004) Alles über die Insel. Für Fans und solche, die es werden wollen.

Hans Jessel/Silke von Bremen: Sylt 365 Tage (Fackelträger, 2007) Zum Weiterlesen, Staunen und Versinken.

Andreas Odenwald: Sylt. Champagnerluft und Nordseerausch (Sanssouci, 2004) Perfekt zum gemütlichen Schmökern.

Winfried Hörning: Sylt. Literarische Reisewege (Insel, 1999) Anspruchsvoller Genuss.

Fritz J. Raddatz: Mein Sylt (Marebuch, 2006) Sehr persönlich, für Literaturfreunde.

Charlotte Link: Die Insel (Rowohlt, 2006) Unheimlicher Sylt-Kurzkrimi für eingefleischte Fans der Erfolgsautorin.

Hinrich Matthiesen: Eine Liebe auf Sylt (Heyne, 2002) Leichte Kost fürs Herz, mit Liebe zur Natur erzählt.

Außerdem ist zu Sylt ein **MERIAN-Magazin** im Handel erhältlich (TRAVEL HOUSE MEDIA, 2003).

DIPLOMATISCHE VERTRETUNGEN

Honorarkonsulat der Republik Österreich

Bergstraße 2, 24103 Kiel •
Tel. 04 31/55 25 05

Generalkonsulat der Schweiz

Westerlandstr. 5, 22047 Hamburg •
Tel. 0 40/66 01 10

FKK

Sylt ist traditionell eine FKK-Hochburg – schon in den Zwanzigerjahren gab es hier die ersten Nacktbadestrände. Zur damaligen Zeit wurde auch das inzwischen altmodisch klingende Wort »Freikörperkultur« geprägt. Alle Sylter Badeorte haben große Strandabschnitte für Nacktbader, die auf den Inselkarten und auf den Informationstafeln bei den einzelnen Stränden eingezeichnet sind. In der Sylter Badewirklichkeit haben diese Grenzen jedoch an Bedeutung verloren, und kein Strandwärter wird einen nackten (Sonnen-)Bader am Textilstrand auch nur merkwürdig ansehen, ebenso wie an FKK-Stränden natürlich kein Textilverbot herrscht.

FEIERTAGE

1. Jan. Neujahr
Karfreitag
Ostermontag
1. Mai Tag der Arbeit
Christi Himmelfahrt
Pfingstmontag
3. Okt. Tag der deutschen Einheit
25./26. Dez. Weihnachten

GELD

1 €	1,47 SFr
1 SFr	0,68 €

HEIRATEN

Dem Trend, sich an ungewöhnlichen Orten das Jawort zu geben, hat sich auch die Insel nicht verschlossen. Der Leuchtturm in Hörnum und das Quermarkenfeuer in Kampen sind ebenso gefragt wie der Segelkutter »Gret Palucca«, der vom Lister Hafen ablegt. Keitum bietet Trauungen im historischen Altfriesischen Haus an, und am Kampener und Wenningstedter Strand dürfen sich Paare beim Rauschen des Meeres die Ehe versprechen.
Informationen bei Sylt Marketing (▸ Auskunft, S. 109) • Tel. 8 20 20, oder Standesamt Sylt • Tel. 85 12 50

INTERNET

www.sylt.de
Offizielle Internetseite der Insel mit Informationen von A bis Z.
www.abc-sylt.de
Umfassende Tourismusinformationen zur Insel.
www.sylt-exklusiv.de und
www.sylter-fernsehen.de
Fernsehen mit News und Informationen von der Insel. Die Filmbeiträge machen Lust auf Sylt-Urlaub.
www.gastgeber-sylt.de
Zahlreiche Angebote von Ferienwohnungen und Hotels mit Möglichkeit zur Online-Buchung.

KURABGABEN

Die Kurabgaben, Beitrag des Urlaubers zu den Ausgaben der Gemeinde für die sogenannte touristische Infrastruktur und deren Unterhalt, sind von Ort zu Ort unterschiedlich hoch. Auf Sylt kostet die Kurkarte in der Hochsaison für einen Erwachsenen pro Tag zwischen 2 und 6 €. Für Kinder muss gewöhnlich der halbe Betrag bezahlt werden.

KUREN

Die Ortschaften Wenningstedt und Westerland sind staatlich anerkannte Seeheilbäder mit umfangreichen Kureinrichtungen und folgenden Heilanzeigen: chronische Krankheiten der Atemwege; Herz- und Gefäßkrankheiten; chronische Krankheiten des Bewegungsapparats; spezielle Krankheiten im Kindesalter; allgemeine Schwächezustände. Die natürlichen Heilfaktoren des Seeklimas können im Syltness-Center in Westerland durch gezielte Anwendung ortsgebundener Kurmittel unterstützt und ergänzt werden.
Neue Therapiezentren wird es ab 2012 in Wenningstedt und Keitum geben. Im Therapiezentrum List kann man sich ebenfalls behandeln lassen. Eine Informationsbroschüre **Kur-Tipps für Sylt** verschickt kostenlos die Infozentrale Sylt Marketing (▸ Auskunft, S. 109).

MEDIZINISCHE VERSORGUNG

Für Österreicher und Schweizer ist die Vorlage einer Europäischen Versicherungskarte (EHIC) ausreichend. Als zusätzlicher Versicherungsschutz empfiehlt sich der Abschluss einer Auslandskrankenversicherung, da diese Krankenrücktransporte mitversichert.

KRANKENHAUS
Asklepios Nordseeklinik
▸ Klappe vorne, a 2
Westerland, Norderstr. 81 • Tel. 8 40 •
www.asklepios.com/sylt

APOTHEKEN

Apotheken sind zu den normalen Geschäftszeiten, also Mo–Fr von 8–18, Sa von 8–13 Uhr, geöffnet.
Tel. 94 90

INSEL-URLAUB FÜR GENIESSER.

NOTRUF

Euronotruf Tel. 112
(Polizei, Feuerwehr, Rettungsdienst)
Seenotwache Westerland
Tel. 8 51 99

PARTYS

Für den Partyfan beginnt der Sylter Sommer in List, und zwar bereits in der Vollmondnacht im April, bei Klaus »Bam-Bus« vor der kleinen Hütte an der Bushaltestelle. Wer da einmal mitgefeiert hat und auf den Geschmack gekommen ist, wird sich wünschen, auch die nächsten fünf Vollmonde hier erleben zu können.
Zu Pfingsten beginnt dann die Serie der Beachpartys, die rechtzeitig an den einschlägigen Infotafeln und in den Kurverwaltungen bekannt gegeben werden. Legendär für alle zwischen 16 und 80 Jahren sind die Endless-Summer-Partys des Behrens-Clans an der Buhne 16 am Kampener Strand, neuer sind die beliebten Feste von La Grande Plage, gleich unterhalb der Sturmhaube in Kampen, und die nicht weniger wunderbaren Beachpartys von »Wonnemeyer« in Wenningstedt und »Badezeit«.

POST

Briefmarken erhält man in den Postfilialen. Eine Postkarte nach Österreich und in die Schweiz kostet 0,65 €.

REISEDOKUMENTE

Deutsche, Österreicher und Schweizer können mit einem gültigen Reisepass oder Personalausweis (Identitätskarte) nach Sylt reisen. Kinder unter 16 Jahren müssen im Pass eines Elternteils eingetragen sein oder benötigen einen Kinderausweis.

REISEWETTER

Die Nähe des Golfstroms bringt der Insel zwar in der Regel milde Winter, von einem milden Klima kann aber dennoch nicht die Rede sein. Der heftige Seewind, die Sonnenbestrahlung und die mit feinem Meerwasserstaub und maritimen Aerosolen (mit dem bloßen Auge nicht wahrnehmbare, in der Luft schwebende feste oder flüssige Teilchen, dazu gehören Natriumchlorid, Ozon und vor allem Jod) angereicherte Luft regen den Körper zu vermehrter Hormon- und Vitamin-D-Produktion an. Bäder in der Nordsee fördern die Durchblutung und können das Immunsystem stärken.
Über 30 °Celsius heiß wird es auf der Insel Sylt nur manchmal in den Monaten Juni, Juli und August. Die durchschnittliche Sommertemperatur aber liegt bei 17 °Celsius, die des Winters etwa bei 2 °Celsius. Wenn man im Urlaub vor allem in der Sonne baden will und nicht ebenso gern im Wind und Regen am Meer spazieren geht, ist die schönste und wettersicherste Reisezeit für Sylt Mai bis September.
Wegen der exponierten Lage ist die Trefferquote der Wettervorhersagen hier noch geringer als anderswo. Was für Norddeutschland allgemein gilt, trifft auf Sylt meist nicht zu. Etwas mehr Erfolg versprechend, weil syltspezifischer, ist die Wettervorhersage im Internet unter www.sylt-wetter.de.

TELEFON

VORWAHLEN

A, CH ▶ Deutschland 00 34
Deutschland ▶ A 00 43
Deutschland ▶ CH 00 41
Sylt 0 46 51

TIERE

Hunde und Katzen aus Österreich und der Schweiz benötigen zur Einreise einen EU-Heimtierausweis bzw. Schweizer Heimtierausweis (stellt der Tierarzt aus) mit Nachweis einer Tollwutimpfung. Das Tier muss durch einen Mikrochip oder – nur noch bis Juli 2011 akzeptiert – durch eine Tätowierung identifizierbar sein. Für Schweizer Hunde und Katzen ist zusätzlich eine Gesundheitsbescheinigung erforderlich.

Hunde sind allgegenwärtig auf Sylt. Anscheinend genießen auch die Vierbeiner den Auslauf an Watt und Meer. Aber das Leben als Hund kann auf Sylt auch ein Hundeleben sein, denn vor allem in der Saison dürfen sich Tiere nur an wenigen, genau festgelegten Strandabschnitten frei tummeln, und am Watt müssen sie zumeist angeleint werden. Aus gutem Grund: Besonders während der Brutzeit, aber auch sonst können Hunde für die Vogelwelt eine Bedrohung darstellen.

VERKEHR

AUTO

Während der Saison geht es auf Sylt oft schlimmer zu als am Stachus oder auf dem Kudamm. Es ist völlig absurd, und es ist eine Katastrophe für die ohnehin arg belastete Ökologie der Insel, aber es ist eine unleugbare Tatsache: Sylt ist als Motor-Eldorado »in Deutschland ganz oben«. Fast eine halbe Million Kraftfahrzeuge werden alljährlich in Niebüll auf den Autozug nach Westerland verladen.

Parken ist somit in den Ortskernen, vor allem in Westerland, wo überall Parkgebühren per Parkscheinautomat erhoben werden, kaum minder schwierig als in einer Großstadt.

Nur an der Kampener Sturmhaube, in Wenningstedt und Westerland können Autos bis in unmittelbare Strandnähe fahren. Ansonsten gibt es zwischen List und Hörnum zwölf Strandparkplätze, die noch fünf bis zwölf Gehminuten vom Meer entfernt sind. Die Parkgebühr beträgt zwischen 2 und 2,50 €, wegen des Dünenschutzes ist der Gang zum Strand nur auf den gekennzeichneten Überwegen erlaubt. Dort werden in der Saison auch meistens die Kurkarten kontrolliert. Wer keine dabei hat, muss bezahlen.

Das Autohaus Rosier, Tel. 33 90, führt im Auftrag des ADAC auch den Abschlepp- und Pannendienst durch.

Mittelwerte	JAN	FEB	MÄR	APR	MAI	JUN	JUL	AUG	SEP	OKT	NOV	DEZ
Tages-temperatur	3	2	5	10	15	18	19	20	17	12	8	5
Nacht-temperatur	-1	-2	0	4	8	11	14	14	12	8	4	1
Sonnen-stunden	2	3	4	6	7	9	7	8	5	3	2	2
Regentage pro Monat	12	9	8	8	7	7	10	12	12	13	13	13
Wasser-temperatur	4	3	4	6	10	13	17	17	15	13	9	6

Im Spannungsfeld zwischen bedrohlicher Autobelastung und unzulänglichem öffentlichen Nahverkehr hat das Fahrrad auf Sylt erhebliche Bedeutung gewonnen: Mehr als 40 Vermieter bieten rund 3000 Fahrräder an, 60 km neue Rad- und Wanderwege sind in den letzten Jahren angelegt worden, Radwege sind gut ausgeschildert, die Kurverwaltungen bieten attraktive Radtouren an. Einen lückenlosen Überblick über alle Möglichkeiten, Frischlufturlaub mit bewussterem Erleben der Landschaft zu verbinden, gibt Hans Jessel in seinem **Radwanderbuch Sylt** (Verlag Ellert & Richter). Die Adressen der wichtigsten Fahrradvermietungen sind bei den einzelnen Orten angegeben (▸ »Unterwegs auf Sylt«, Service).

ÖFFENTLICHE VERKEHRSMITTEL

Der öffentliche Nahverkehr auf Sylt findet mit Bussen statt. Zugverbindungen gibt es nur noch – seit die viel genutzte Inselbahn im Jahr 1970 stillgelegt wurde – zwischen Westerland und Morsum (über Keitum), fast jede Stunde. Ansonsten fahren die Busse im 20-Minuten-Takt. Alle Wege führen hier über Westerland, das mit List (über Wenningstedt und Kampen), Hörnum (über Rantum) und Munkmarsch bzw. Archsum (über Tinnum und Keitum) verbunden ist.

Innerhalb Westerlands dreht der blaue Stadtbus seine Runden. Es lohnt sich, in einem der Busse oder Kurverwaltungen einen Busfahrplan mitzunehmen, um das genaue Angebot zu überblicken. Für Radfahrer, die nur eine Richtung strampeln wollen, gibt es auch regelmäßig Busse, die Fahrräder mitbefördern.

Informationen und Mehrfachkarten gibt es außerdem bei der

Sylter Verkehrsgesellschaft

Trift 1, 25980 Westerland •
Tel. 8 36 10 00 oder 8 36 10 29 •
www.svg-sylt.de

INSELRUNDFAHRTEN

Die Sylter Verkehrsgesellschaft veranstaltet während der Saisonmonate täglich Busrundfahrten unter sachkundiger Führung. Abfahrt ist jeweils um 11 und um 14 Uhr am Bahnhofsvorplatz in Westerland.

TAXI

Tel. 55 55, 50 50 oder 66 99

ZEITUNGEN

Informativ sind die »Sylter Rundschau«, eine wirklich gut gemachte Lokalzeitung, und die Anzeigenblätter, die wöchentlich über Aktuelles, Klatsch und Tratsch berichten.

ZOLL

Reisende aus Österreich dürfen Waren abgabenfrei mit nach Hause nehmen, wenn diese für den privaten Gebrauch bestimmt sind. Bestimmte Richtmengen sollten jedoch nicht überschritten werden (z. B. 800 Zigaretten, 90 l Wein, 10 kg Kaffee). Weitere Auskünfte unter www.bmf.gv.at/zoll.

Reisende aus der Schweiz dürfen Waren im Wert von 300 SFr abgabenfrei mit nach Hause nehmen, wenn diese für den privaten Gebrauch bestimmt sind. Tabakwaren und Alkohol fallen nicht unter diese Wertgrenze und bleiben in bestimmten Mengen abgabenfrei (z. B. 200 Zigaretten, 2 l Wein). Weitere Auskünfte unter www.zoll.ch.

Kartenatlas

Maßstab 1 : 75 000

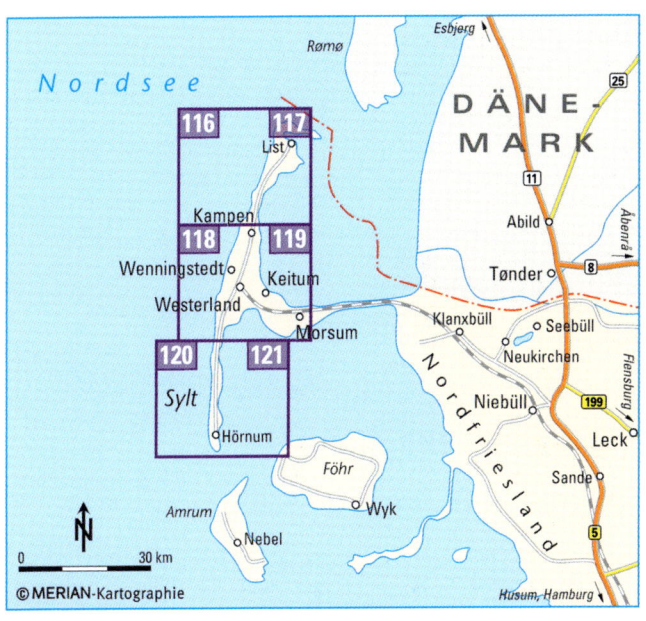

Legende

Routen und Touren

➤ An die Südspitze (S. 98)
➤ Zum Lister Ellenbogen (S. 99)
➤ Auf dem Deich entlang (S. 100)

Sehenswürdigkeiten

🔟 MERIAN-TopTen
🔟 MERIAN-Tipp
▢ Sehenswürdigkeit, öffentl. Gebäude
✳ Sehenswürdigkeit Kultur
✳ Sehenswürdigkeit Natur
⛪ Kirche; Kloster
🏛 ♟ Museum; Denkmal
🗼 ✕ Leuchtturm; Windmühle

Verkehr

━━━ Autobahn
━━━ Autobahnähnliche Straße
━━━ Fernverkehrsstraße
━━━ Hauptstraße
━━━ Nebenstraße
━━━ Unbefestigte Straße, Weg
▨ Fußgängerzone
🅿 Parkmöglichkeit
DB Bahnhof
⚓ Schiffsanleger
✈ Flughafen
⊕ Flugplatz

Sonstiges

ℹ Information
⛳ Golfplatz
⛺ Camping
⌇ Strand
☀ Aussichtspunkt
✝ ✝ Friedhof
▢ National-, Naturparkgrenze

N o r d s e e

FKK

Lister
Strandsauna **4**

Westerheid

Klappholttal

4

Jugendseeheim
Kassel

Kampe
Vogell

Nielönn
(Naturschutzgebiet)

FKK

Vogelkoje

FKK

Kampen **2**

50
Uwe-Düne

3 Rotes Kli

118

Dünenlandschaft
(Naturschutzgebiet)

A   B   C

ister Tief

DÄNEMARK

Leuchtturm
Westellenbogen

Westellenbogen

Ellenbogen

Leuchtturm
Ostellenbogen

Ostellenbogen

P
9

*Ellenbogen-
spitze*

1

Königshafen

*Ellenbogen-
berg*

28

West-
strandhalle

Hovneby, Rømø

ó Mövenberg

4

Vogelschutzinsel

Uthörn

i s t l a n d

5

Manne-
morsum-
tal

P

2

List

Hafen

Naturschutzgebiet

Sütterknoll

31 •

ó Mellhörn

S a h a r a

6

Blidselbucht

iderheidetal

L i s t e r   L e y

3

W a t t e n m e e r

10

Nationalpark

4

Wester

ghör

0   1,5 km

© MERIAN-Kartographie

N

A   B   C

Kampen

Uwe-Düne

Rotes Kliff

Dünenlandschaft
(Naturschutzgebiet)

Leuchtturm
Rotes Kliff

Braderuper Heide
(Naturschutzgebiet)

5

Wenningstedt

Braderup

Weißes Kliff

FKK

Munkmarsch

Kurhaus

WESTERLAND

Regionalflughafen
Westerland-Sylt

Klentertal

St. Severin
Grün

6

Tinnum

Süderende

Tinnumburg

Kei

FKK

Woodens-Sill

Kaa

7

Eidum-Vogelkoje

Dikjen-
Deel

Baakdeel
Natur- und
Vogelschutzgebiet

Archi

Rantum-
becken

8

Rantum-
Inge

Rantum

A   B   C

Nationalpark

ghörn

P a n d e r t i e f

W e s e r   L e y

Schleswig -

B u t t e r - sand

5

R a u l i n g - sand

Holsteinisches

6

Wattenmeer

S y l t

Tipkenhügel

M i t t e l s a n d

7

Kurweg

Hindenburgdamm

Morsum-Kliff 3

5

Archsum

23

Naturschutzgebiet

Nösse

3,5   Morsum

Schellinghörn

Wial

Sylt- Ost

Kleinmorsum

Hiligenört

Osterende

8

W e s e r   L e y

Wall

Katrevel

Nössedeich

0   1,5 km

© MERIAN-Kartographie

N

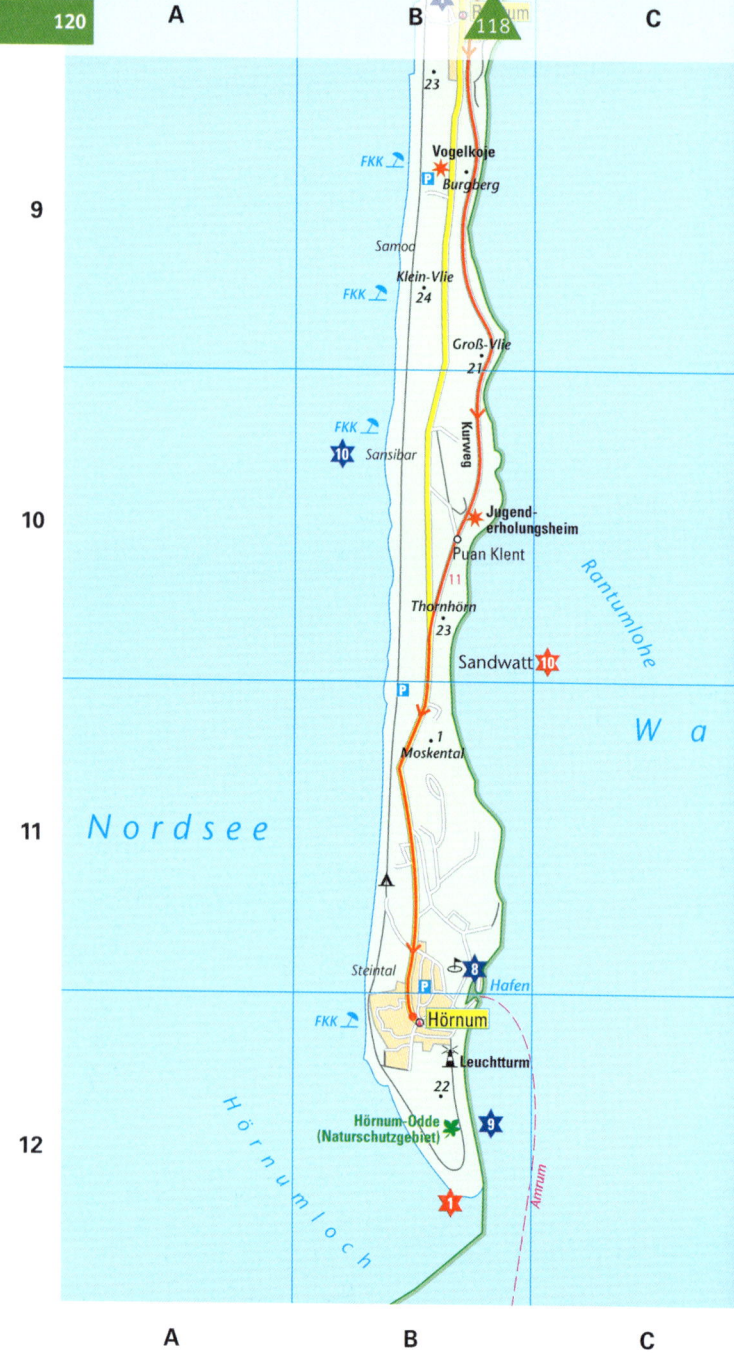

A   B   118   C

23

FKK

Vogelkoje
P **Burgberg**

9

Samoa

Klein-Vlie
FKK
24

Groß-Vlie
21

FKK

10 Sansibar

Kurweg

10

**Jugend-
erholungsheim**
Puan Klent

11

Thornhörn
23

Sandwatt 10

Rantumlohe

P

W   a

1
Moskental

11   *N o r d s e e*

Steintal
P
8 *Hafen*

FKK
Hörnum

Leuchtturm
22

Hörnum-Odde
(Naturschutzgebiet) 9

12

H ö r n u m l o c h

Amrum

1

A   B   C

9

Nationalpark

Schleswig -

Steenack

10

Molsteinisches

Eidumtief

e n m e e r 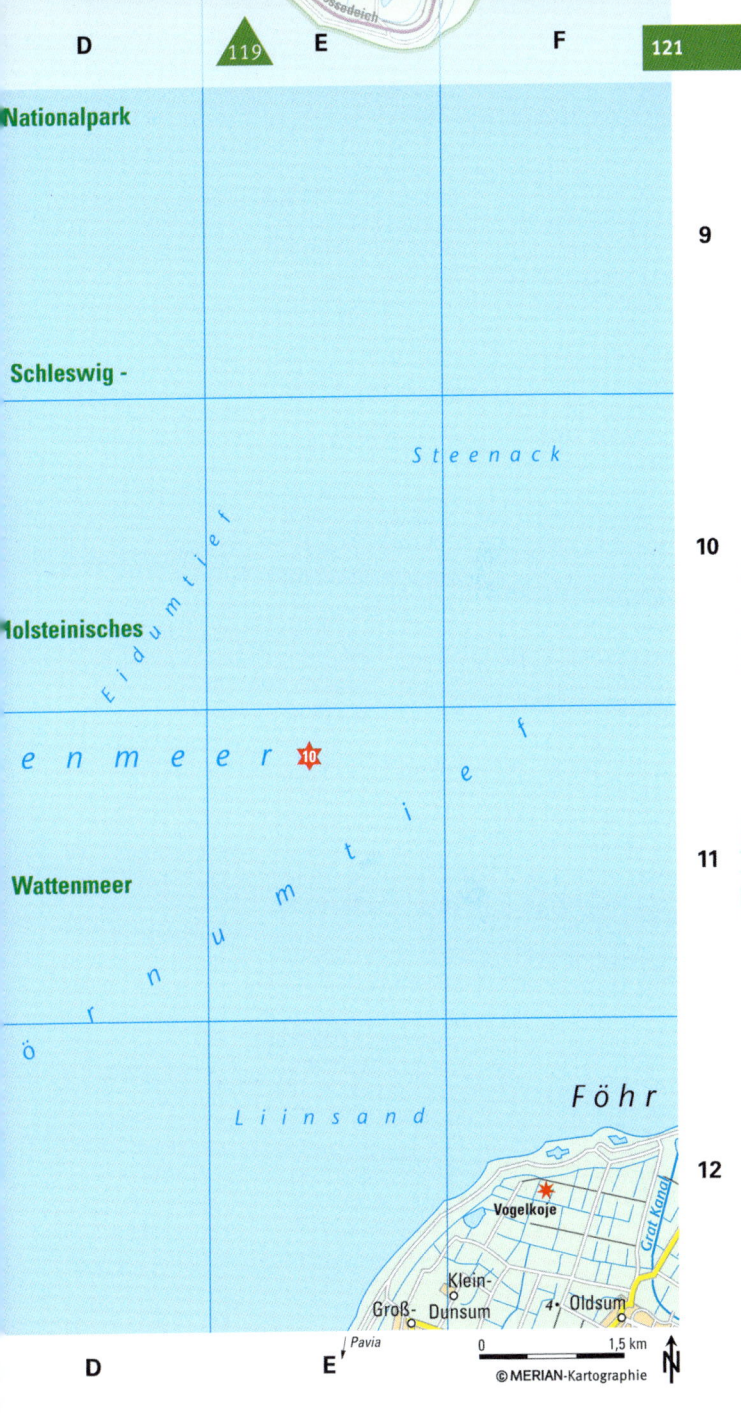 🔟

t i e f

11

Wattenmeer

r n u m

ö r n

Liinsand

Föhr

12

★
Vogelkoje

Grat Kanal

Klein-
Groß- Dunsum
4 Oldsum

E' Pavia

0 ————— 1,5 km

D

Kartenregister

Zeichenerklärung
◯ Orte
△ Kap, Insel
▲ Gebirge
∞ Landschaft
~ Gewässer, Strand
★ Sehenswürdig-
keit
☆ Nationalpark

Orts- und Sachregister

Wird ein Begriff mehrfach aufgeführt, verweist die **fett** gedruckte Zahl auf die Hauptnennung, eine *kursive* Zahl auf ein Foto.
Abkürzungen:
Hotel [H]
Restaurant [R]

Liebe Leserinnen und Leser,
vielen Dank, dass Sie sich für einen Titel aus unserer Reihe MERIAN *live!* entschieden haben. Wir freuen uns, Ihre Meinung zu diesem Reiseführer zu erfahren. Bitte schreiben Sie uns an merian-live@travel-house-media.de, wenn Sie Berichtigungen und Ergänzungen haben – und natürlich auch, wenn Ihnen etwas ganz besonders gefällt.

Alle Angaben in diesem Reiseführer sind gewissenhaft geprüft. Preise, Öffnungszeiten usw. können sich aber schnell ändern. Für eventuelle Fehler übernimmt der Verlag keine Haftung.

© **2010 TRAVEL HOUSE MEDIA GmbH, München**
MERIAN ist eine eingetragene Marke der GANSKE VERLAGSGRUPPE.

1. Auflage

Alle Rechte vorbehalten. Nachdruck, auch auszugsweise, sowie die Verbreitung durch Film, Funk, Fernsehen und Internet, durch fotomechanische Wiedergabe, Tonträger und Datenverarbeitungssysteme jeglicher Art nur mit schriftlicher Genehmigung des Verlages.

BEI INTERESSE AN DIGITALEN DATEN AUS DER MERIAN-KARTOGRAPHIE:
iPUBLISH GmbH, Abt. Cartography
merianmapbase@ipublish.de
www.merianmapbase.de

BEI INTERESSE AN ANZEIGENSCHALTUNG:
KV Kommunalverlag GmbH & Co KG
MediaCenterMünchen
Tel. 0 89/92 80 96 44
winzer@kommunal-verlag.de

TRAVEL HOUSE MEDIA
Postfach 86 03 66
81630 München
merian-live@travel-house-media.de
www.merian.de

PROGRAMMLEITUNG
Dr. Stefan Rieß
REDAKTION
Simone Duling
LEKTORAT
Christa Botar
BILDREDAKTION
Anna Logermann
SCHLUSSREDAKTION
Ulla Thomsen
SATZ/TECHNISCHE PRODUKTION
h3a GmbH, München
REIHENGESTALTUNG
Independent Medien Design,
Elke Irnstetter, Mathias Frisch
KARTEN
MERIAN-Kartographie
DRUCK UND BINDUNG
Polygraf Print, Slowakei
GEDRUCKT AUF
Eurobulk Papier von der
Papier Union

Ein Unternehmen der
GANSKE VERLAGSGRUPPE

Mix
Produktgruppe aus vorbildlich
bewirtschafteten Wäldern, kontrollierten
Herkünften und Recyclingholz oder -fasern
www.fsc.org Zert.-Nr. SGS-COC-004980
© 1996 Forest Stewardship Council

BILDNACHWEIS
Titelbild (Leuchtturm List Ost), blickwinkel: McPhoto
Alamy: LOOK-foto 89 • Arco Images: Camerabotanica 16 • Bildagentur Huber: 27, R. Gräfenhain 98, 99, S. Lubenow 36 • Bilderberg: H.-J. Ellerbrock 57 • Emil-Nolde-Museum: H. Kunde 101 • F1 Online: H. G. Eiben 34/35 • O. Heinze 92/93 • Hotel Budersand 19 • Hotel Stadt Hamburg 39 • Jahreszeiten Verlag: GourmetPictureGuide 10/11, 12, 72, 80, 90, 104 • M. Gilberg 49, 53 • imago: imagebroker 59, McPhoto 75, mm images/Zoellner 95 • J. Jepsen 69, 100 • laif: P. Bialobrzeski 4, S. Hartz 2, M. Höhn 14, A. Hub 30, Le Figaro Magazine 102/103, G. Lengler 83, D. Rosenthal 20, A. Morascher 41, K.-H. Raach 46, S. Walczak 94, S. Zuder 24 • LOOK-foto: K. Johaentges 84, S. Lubenow 45, T. Stankiewicz 32, K. Wothe 66 • Manufaktur 65 • Schapowalow: C. Jensen 51, Pratt-Pries 71 • Superbild: E. Bach 78 • Visum: R. Niemzig 63

Sylt

N

Nordsee

0 3 km

RØMØ

Havneby/Rømø

DÄNEMARK

Jordsand

Wattenmeer

Ellenbogenspitze

Vogelschutzinsel
Uthörn

List

Königshafen

Mövenberg
Listland

Ellenbogen

Ellenbogenberg
28

Kunweg

Naturschutzgebiet

Manne-morsum-tal
Sütterknoll

Sahara

Blidselbucht

Süderheide

Westerheide

Kampener
Vogelkoje

Klappholttal

Lister
Strandsauna

FKK

FKK

Nielönn
(Naturschutzgebiet)

FKK

Kampen

Uwe-Düne